BURGESS · TEETASSE

ANTHONY BURGESS

Der lange Weg zur Teetasse

DEUTSCH
VON
HARRY ROWOHLT
ILLUSTRIERT
VON
ALMUT GERNHARDT

HAFFMANS VERLAG

1.–4. Tausend, Herbst 1985

Alle deutschen Rechte vorbehalten
Copyright © 1985 by
Haffmans Verlag AG, Zürich
Satz: Benziger, Einsiedeln
Druck: Mengis + Sticher, Luzern
Einband: Burckhardt, Mönchaltorf
ISBN 3 251 20024 0

Inhalt

DER
LANGE
WEG
ZUR
TEETASSE

1. KAPITEL

Direkt durch ein Loch
im Pult

Edgar hatte sie herzlich satt, die nölige Stimme von Mr Anselm Eadmer, der immer so weitermachte, durch den ganzen sagenhaften Frühlingsnachmittag, über Edmund den Geharnischten und Eduard den Bekenner und Eduard den Älteren und Eduard den Märtyrer und die übrigen langweiligen Könige des Englands der Angeln und der Sachsen. Edgars Pult hatte Pockennarben von winzigen Löchern, wie sie ein kritzelnder Zirkel macht, und er dachte, es wäre doch klasse, wenn er klein genug werden könnte, um in eins dieser Löcher zu kriechen und zu verschwinden – das heißt, er selbst in klein –, bis die Unterrichtsstunde vorbei war, während er selbst in groß und gelangweilt eine interessierte Maschine mit großen Augen wurde, die alles über angelsächsische Königshäuser in sich aufnahm. Man kann sich also seine Überraschung vorstellen, als er sich plötzlich auf einem Schiff wiederfand, das sorgsam durch eins dieser Löcher gesteuert wurde – durch das Loch gleich beim D seines eigenen Vornamens, in die Tischplatte geritzt und mit Tinte nachgezogen –, und Stimmen hörte, die in einer Sprache riefen, die er nicht verstand. Er stand an Deck, wohlverpackt gegen einen stechenden Wind, der vom anderen Ende des Lochs hereinschrie, und neben ihm stand ein alter Mann, der ganz aus weißem Bart und Ölzeug bestand, eine rotglimmende Pfeife fest zwischen lächelnden Kinnladen. Der alte Mann sagte:

»Du, Junge –, stehst du auf der Mannschaftsliste? Wie heißt du? Solomon Eagle? John Earle? Hareton Earnscliff? Atalanta, Perseus, Cupido, Psyche, Alkestis, Pygmalion, Bellerophon, Harun al-Raschid? Ach, das war ein tolles Schiff, Hau ihn, er raschelt, haben wir es genannt. Sprich, Junge, und antworte.« Aber er schien sich für eine Antwort nicht recht zu interessieren, und Edgar machte sich keine weiteren Gedanken, denn das Schiff war endlich durch das Loch gekommen, oder durch den felsigen Tunnel, was das Loch eigentlich war, und auf ein weites Meer hinaus, auf dem die Möwen schrieen: »Tut Buße! Tut Buße! Das Ende der Welt ist nah!«

»Die sollten eigentlich Adler sein«, sagte der alte Mann und lächelte immer noch. Und dann runzelte er plötzlich die Stirn und rief: »*Laxdaela!*« oder so etwas Ähnliches ein paar Leuten von der Mannschaft zu, die ihm mit Lauten wie *Isk* und *Bosk* und *Etheldeth* antworteten. »Wir bringen dich an Land«, sagte der alte Mann zu Edgar, »auf die Osterinsel. Da ist sie, backbord voraus.«

Edgar hatte zu viele Fragen zu stellen. Er stellte nur eine. »Welche Sprache sprechen die Leute, Sir?« fragte er.

»Da ist sie«, sagte der alte Mann. »Jetzt kommt sie in Sicht. Hör dir die Osterglocken an.« Und die Seeluft war plötzlich von einem süßen lauten Gebimmel belebt. »Aber erwarte«, sagte er, »nicht, daß alles voller Eier und Ostergebäck ist, heiß und mit dem Kreuz versehen, denn das ist nicht der Fall. Die Leute dort haben sehr lange Ohren, bis auf die Schultern hinunter, und ihre Götter sehen genauso aus. Sieh mal, da kannst du einige dieser Götzen aus Stein sehen, die ganze Küste entlang. Um Eindringlinge fernzuhalten; so hatten sie sich das gedacht. Aber dich wird das nicht fernhalten, o nein, weiß Gott nicht.«

»Warum muß ich denn an Land gebracht werden?« fragte Edgar. »Warum kann ich nicht auf dem Schiff bleiben und mit dahin fahren, wo Sie hinfahren, egal, wohin Sie fahren?«

»Dem Osten entgegen«, sagte der alte Mann, der, wie es Edgar dämmerte, der Kapitän sein mußte. »Dorthin fahren wir. Um Sir Petronel Flash zu treffen. Außerdem Moses und den Teufel und den großen Orc. Das ist dort nichts für dich, Junge. Aha, das Boot wird heruntergelassen.«

So war es. Sie waren noch ein gutes Stück von der Küste entfernt, an der die Abbilder aus Stein aufgereiht standen, und Edgar machte es gar keinen richtigen Spaß, die Netze hinunterzuklettern, wo ihn unten die beiden Ruderer erwarteten, Männer, die wegen der plötzlichen Hitze ihr Ölzeug abgestreift hatten und nun halbnackt waren, obwohl sie, wenn man so will, mit Tätowierungen sehr ausreichend bekleidet waren. Auf dem Brustkasten von einem der beiden war das Gesicht von einem ziemlich hübschen Mädchen in Blau, und ihr vermuteter Name Rhoda Fleming war daruntergeätzt. »Hallo, wie geht's«, sagte das Gesicht zu Edgars mit Furcht gemischtem Vergnügen. »Eitelkeit der Eitelkeiten, alles ist eitel.«

»Hör gar nicht auf sie«, sagte der andere Mann, dessen Brustkasten mit einer sehr hübschen Landkarte von Hindustan bedeckt war, alles voll funkelnder Lichter und Ochsenkarren, die sich über die Straßen bewegten. »Das sagt sie für mich, nicht für dich. Man könnte es eine langjährige Fehde nennen; ich heiße nämlich Bob Eccles. Na also –, es geht los.« Und herzhaft brachten sie ihre Ruder zum Einsatz. Der Mann, der noch nicht gesprochen hatte, sprach jetzt, obwohl das mit der Anstrengung des Ruderns ruckartig und ziemlich atemlos ging:

»Sieh dich vor, mein Sohn, vor der Mutter des Ungehobelten Ungeheuers. Wenn du eine Dame siehst, die von der Hüfte abwärts wie eine große Schlange ist, dann weißt du, daß sie es ist.«

»Nein, nein«, schrie Edgar in plötzlicher Panik. »Bringt mich zurück. Bringt mich zurück zur Schule und zu Mr Eadmer und zu den Königen des angelsächsischen England.«

Die beiden Männer lachten, und Rhoda Fleming lachte ebenfalls, und ihre Zähne waren ganz blau.

»Aber«, sagte Bob Eccles, »dein Herz sei gesegnet, mein Sohn, sie ist nichts, wovor man Angst haben müßte. Abgenutzt ist sie jetzt, nachdem sie Ungeheuern ohne Zahl Mutter gewesen ist –: Chimära und Orthrus und der Sphinx von Ägypten persönlich. Außerdem Cerebo und dem Hydranten.«

»Die beiden letzten habe ich nicht ganz mitgekriegt«, sagte der andere Mann. »Aber macht nichts. Sing uns ein Lied, junger Mensch, um uns in Ruderstimmung zu halten.« Also sang Edgar ein Lied, das er kannte, als er begann und als er begann, noch nicht kannte, aber wußte, er würde es kennen, wenn er begann. Es ging so:

Ein Leck voraus wird der Kielgang gestreift,
Und die Hafenbar platzt aus den Nähten,
Denn mancher Mann vor Schmerzen pfeift,
Und es streckt ihn und sticht, bis die Schwiele bricht,
Vor lauter Morgen hört man die Hähne nicht
Und wie sie kri-, kra-, krax, wie sie krähten.

Zu, aber vielleicht auch nicht so sehr, seinem Erstaunen fielen die beiden rackernden Seeleute mit einem Seemannslied-Kehrreim ein:

Und die He und die Ho und der Bootsmann ist tot
Und sein Bett ungemacht früh am Morgen.

Edgar bemerkte, daß er – ohne Mühe – eine zweite Strophe trällerte:

Am Kreuzmast zerschleißt sich das kostbare Tuch,
Und den Rum tunkt man gleich flaschenweise.
Die Kombüse lebt nur noch vom Käsegeruch,
Und der Labskaus zu Mittag schlägt ganz schlecht zu Buch;
Auf der Ladung die Flöhe, sie lasten als Fluch,
Und der Hilfsmotor tickt nur noch leise.

Die zwei Ruderer knurrten ihren Refrain:

Und die Hu und die Hi und der Obermaat voll
Und gekocht mit den Eiern am Morgen.

Zu seinem, aber er war nicht mehr so recht dazu fähig, Erstaunen bemerkte Edgar, daß er zu einem hübschen, sauberen, hölzernen Anlegesteg gerudert wurde, und zwei kleine Männer in blauen Uniformen tanzten auf ihm herum, wie aus Wut über die Annäherung des Boots.

»Was rufen die da?« fragte Edgar.

Beide Ruderer schnitten Gesichter, als wollten sie sagen: So ist es immer. Der eine, der nicht Bob Eccles war, sagte: »Sie haben jetzt Mittagspause, weißt du, und dabei lassen sie sich nicht gern stören.«

»*Darin*«, sagte der andere, »oder *währenddessen* wäre vielleicht eine ecclesiastischere Art, es auszudrücken.«

»Nein, eine ecclesiastischere Weise, das wäre so nett«, sagte der andere, und das tätowierte Gesicht von Rhoda Fleming begann, *Ich wanderte einsam wie eine Wolke* zu rezitieren. »Habe ich weder, noch bin ich«, sagte ihr Eigentümer traurig, blickte hinunter und verschaffte sich so drei zusätzliche Kinne. »Die schiere Erwähnung von Wordsworth schafft es schon«, erläuterte er Edgar. »Sie hat ihn einmal gesehen, verstehst du, als ich ein Bad im Lake Windermere nahm, falls du weißt, wo das ist. Törichter alter Mann, dachte ich, mit seinem Zylinderhut auf dem Kopf.«

»Sehen Sie mal«, sagte Edgar, als das Boot die Stufen der Anlegestelle zu berühren begann, »warum machen die nicht einfach weiter mit ihrem Mittagessen, anstatt so voller Wut auf und ab zu hüpfen?«

Die anderen zwei schüttelten, jeder für sich, den Kopf. »Sieh mal«, sagte der eine, der nicht Bob Eccles war, »warum sage ich dir nicht meinen Namen, damit du ihn weißt? Er lautet zufällig Bonifaz, falls dich dies durch einen noch größeren, noch weiter hergeholten Zufall auch nur im mindesten interessieren sollte. Manche sagen, es sei Bonny Face (also auf englisch soviel wie ein Anmutiges Gesicht), und andere meinen, es sei in Wirklichkeit Bony Face (also ein Knochiges Gesicht), aber da sich, wie du ganz leicht sehen kannst, kein einziger Knochen in meinem gesamten Eckzeh Omo befindet, außer vielleicht meinem Gesichtserker, entscheide ich mich ohne Bedenken für die andere Bedeutung.«

»Ihrem Was?« fragte Edgar.

»Seinem Gesichtserker«, antwortete Bob Eccles. »Oder seinem Riechkolben oder Zinken oder aber seinem Gründonnerstag.«

»Nein, nein, dann lieber den anderen.«

Aber inzwischen sprangen die beiden kleinen blaugekleideten Männer bereits auf dem äußersten Rand des Anlegestegs herum und schrien: »Die Pfannkuchen sind angebrannt, und das ist alles eure Schuld«, woraufhin Bonifaz brüllte:

»Ich glaube nicht, daß es bei euch Pfannkuchen gibt, weil heute nämlich Mittwoch ist.« Erstaunlicher-(oder auch nicht)weise wurden sie dadurch ein gutes Stück ruhiger, so daß einer von ihnen zu Edgar sagte:

»Also gut, dann komm zu uns herauf.« Und sie halfen Edgar durchaus freundlich, als er zur obersten Stufe der Anlegestelle kam, und einer der beiden sagte: »Man zieht sich da leicht einen bösen Riß zu, wenn alles schleimig ist vom Seeschleim und vom Auswurf der allerobersten Gründlinge.« Bonifaz rief hinauf:

»Vergeßt nicht, ihm jetzt schon zu sagen, wo ihr hinwollt.«

»Aber ich will dorthin, woher ich komme«, schrie Edgar ziemlich verzweifelt. »Ich will in der Schule sein, bis die Stunde zu Ende ist, und dann zum Tee nach Hause gehen.«

»Tee«, und einer der blaugekleideten Männer schüttelte den Kopf und sagte: »Wegen Tee wirst du ein ganzes Stück landeinwärts gehen müssen. Bis zur Weltausstellung, wenn denn die Wahrheit ans Licht soll, und für die Füße ist es eine Marter, bis man dort ist. Aber erstmal gehen wir mit dir ins Büro.« Und Edgar bemerkte, daß etwa hundert Meter weiter eine kleine Hütte an der Pier stand, aus der laute Schreie drangen. Die beiden Seeleute begannen, zum Schiff zurückzurudern, welches eine gute Anzahl von Seemeilen zurückgelegt zu haben schien, ohne auf sie zu warten, und dabei sangen sie:

Und die Hoi und die Ha und der Käptn, der brät
Auf dem Stuhl und gefesselt am Morgen.

»Jetzt«, sagte einer der blaugekleideten Männer, »wollen wir dich mal betrachten.« Edgar betrachtete *sie*. Ihr Haar war sehr fein und sehr wild im Meereswind, und ihre Nasen waren sehr rot. Sie schienen, jeder für sich, nicht größer als etwa drei Fuß hoch zu sein, aber sie waren so beleibt, daß ihre blauen Jacken, damit sie paßten, mit einer kleinen Schlinge aus Schnur zwischen Knopf und Knopfloch versehen waren. »Je nun«, sagte der eine, der sprach, »du scheinst mir ein rechtschaffenes Beispiel für Widerruf zu sein, und ich wäre dir sehr dankbar, wenn du wüßtest, daß ich Herr Eckhart bin und daß der dort Herr Eckermann geheißen wird.«

»Sie sind Deutsche?« fragte Edgar höflich.

»Nein«, donnerte Herr Eckhart zurück, »wir sind Brüder.«

»Aber ich verstehe das nicht«, sagte Edgar. »Ich meine, Sie haben doch verschiedene Namen. Wenn Sie Brüder wären, hätten Sie denselben Namen.«

Sie brüllten beide vor Lachen. »Ah«, schrie Herr Eckermann, »wenig weißt du von der großen Welt, und das ist Tatsache. Brüder brauchen doch verschiedene Namen; sonst könnte man sie nicht unterscheiden. Angenommen, Kain und Abel hätten denselben Namen gehabt, was? Das hätte für alle Beteiligten ein schönes Durcheinander gegeben.« Und beide kicherten. Schließlich sagte Herr Eckhart:

»Nicht, daß dies die Aufgabe wäre, die unser Vater auch nur einem von uns zugedacht hätte. Ich habe vor langer Zeit etwas Großes vollbracht. Ich bin herumgegangen und habe die Menschen vor Ungeheuern gewarnt, aber sie haben nie auf mich gehört.«

»Ah«, sagte Edgar, »vor dem Ungehobelten Ungeheuer und seiner Mutter zum Beispiel?«

»Naja, manchmal auch«, sagte Herr Eckhart ungewiß. »Aber es war eher das, was man Venus nennt, die Göttin der Liebe, was immer das ist oder war.«

»Ein Haufen Unsinn«, sagte Herr Eckermann. »Ich, ich für mein Teil war ein großer Freund von Konversationen, aber das ist jetzt alles vorüber, aye aye, alles vorü-hü-ber.« Sie sahen beide so traurig aus, obwohl eine Möwe auf Herrn Eckharts Kopf gelandet war und

»eklektisch elektrisch exzentrisch« schrie, daß Edgar
dachte, er sollte sie lieber daran erinnern, daß viel
Arbeit in dem, was sie das Büro nannten, zu tun war,
aus dem immer noch das Gekreisch drang. Er sagte:
»Das Schwierige ist, daß ich kein Geld habe.«
»Geld Geld Geld«, schimpfte Herr Eckhart. »Das ist
alles, woran jeder denkt.« Er sah auf seine Armband-
uhr, von der eine sehr gedämpfte Art von Gesang
auszugehen schien, und sagte: »Nun, was Geld betrifft,
so ist die Zeit gekommen. Los, los, vergeudet sie nicht.
Ab ins Büro.« Und sie eilten davon, Edgar folgte ihnen,

die Möwe befand sich nun auf Herrn Eckermanns Kopf und rief »Liddell und Scott, Liddell und Scott.« Aber als sie zu der kleinen Hütte kamen, flog sie davon und schriiiie noch einmal, in den Seewind hinein.

Die Hütte war sehr klein und sehr unordentlich. Das Gekreisch, Edgar sah das jetzt, kam nicht von jemandem, dem wehgetan wurde, sondern von einem Papagei mit einem kleinen silbernen Ring ums linke Bein, welcher an einer dünnen Kette befestigt war, die an einem hohen Hutständer angebracht war. Der Hutständer war mit jeder nur möglichen Art von Kopfbedekkung vollgepfropft, vom wie eine Concertina zusammenschiebbaren Zylinder bis zum Sherlock-Holmes-Pirschhut, und alle waren eindeutig sowohl für Herrn Eckhart als auch für Herrn Eckermann zu groß und viel, viel, viel zu groß für den kleinen Mann, der in großer Düsternis hinter einem Pult saß und sehr klebrig aussehende und gummiartige Süßigkeiten aus einer Papiertüte aß. Er hatte eine lange Nase wie eine Eistüte, an deren Spitze ein Bleistift befestigt war. Dieser war völlig mit Süßigkeiten bedeckt, so daß er ihn immer wieder mit einem sehr schmuddeligen Taschentuch abwischen mußte. »Es ist wirklich eine schreckliche Last«, sagte er, »wenn man dies hier essen muß.« Der Papagei kreischte sehr laut von der Spitze eines Zylinders herunter, aber niemand nahm die geringste Notiz davon. Herr Eckermann, es kann auch Herr Eckhart gewesen sein, sagte pikiert:

»Warum haben Sie nicht Kakao gemacht, worum Sie gebeten worden waren und was Ihre Pflicht ist?«

»Es hat keinen Zweck, Kakao zu machen und ihn zu trinken auch nicht«, sagte der kleine Mann, »weil einem ständig der Löffel ins Auge kommt dabei.« Und dann wurde er sehr amtlich, sah Edgar ernst an und steckte die Bonbontüte in eine Pultschublade. Aus der Schublade schien etwas Unsichtbares zu fliegen, denn Edgar hörte eine winzige Stimme rufen:

»Aye aye. Ei-ei. Ei.«

»Den Paß«, sagte der kleine Mann, »und zwar ein bißchen plötzlich.«

»Ichichichich«, machte die kleine Stimme. Jetzt war sie in der Nähe des Papageis, und der Papagei sah sie an, den Kopf auf eine Seite gelegt.

»Sie haben das Echo herausgelassen«, sagte Herr Eckermann oder Eckhart ernst. »Wir haben Sie davor gewarnt, und zwar oft genug.«

»Nug nug nug.«

»Das ist doch nicht gut, für niemanden«, sagte der kleine Mann finster. Er trug, unter seiner blauen Jacke, einen in den Farben des Regenbogens gestrickten Jersey, dessen Anblick Edgar wohl gefiel, obgleich er für ihn zum Tragen viel zu klein gewesen wäre.

»Jetzt kommt bald das Rennen; wie finden Sie das?« sagte Herr Eckhart oder Herr Eckermann.

»As As As.«

»Jetzt müssen Sie Ihre Wetten placieren«, sagte Herr Eck (so war es einfacher, entschied Edgar). »Tun Sie Ihr Geld in den Briefkasten dort«, und er gestikulierte mit der Nase in die Richtung des Schlitzes eines wunderschön polierten Messingbriefkastens in der Wand.

»Aber ich habe kein Geld«, sagte Edgar, »wie ich Ihnen schon sagte.«

»Ich werde ihm ein paar Hamadans leihen«, sagte der andere Herr Eck und entnahm seiner Jackentasche einige glänzende kleine Münzen. »Schließlich handelt es sich hier ja um etwas, was man eine bereits getroffene Entscheidung nennt oder in den Tagen meiner Jugend zu nennen pflegte.«

»Egte egte.«

So wurde denn das Geld in den Briefkasten gesteckt, und der andere Herr Eck sagte zum Papagei: »Sonnenfinsternis auf Eins und den Rest vergessen.«

Der Papagei hörte dem sehr aufmerksam und, wie es Edgar schien, ernsthaft zu, den Kopf auf eine Seite gelegt, und sang sich gefühlvoll etwas vor.

»Was bedeutet das?« fragte Edgar. »Ich meine Sonnenfinsternis.«

Der kleine Mann sprach. »Das ist das berühmteste Rennpferd der Welt, und es läuft heute um den Pokal der Königin in Winchester. Es wurde während einer Sonnenfinsternis geboren und daher, nichtsdestotrotz und ohne allzuviel Nachdruck darauf zu legen, der Name.«

»Ame ame ame.«

»Jetzt aber Ruhe hier«, sagte einer der Herren Eck. »Das Echo soll den Mund halten.«

»Alten alten alten.«

Jetzt waren alle still, und die Herren Eck sahen einander triumphierend an, da das Echo, in der Tat, den Mund hielt. Der Papagei schien angestrengt auf etwas zu lauschen. Etwa nach einer Minute begann er mit den Flügeln zu schlagen und auf und ab zu tanzen. Die kleinen Männer, alle drei, sahen einander gedankenschwer an.

»Gewonnen«, sagte einer der Herren Eck. Echo stimmte ihm zu, dreimal.

»Woher wissen Sie das?« fragte Edgar.

»Es gewinnt immer«, sagte der kleine Mann. »Hat bisher noch nie verloren. Aha, hier kommt das Geld.« Und aus dem Briefkasten kamen die zwei Münzen, und ihnen folgte die kleinste Münze, die Edgar je gesehen hatte. Alle drei klimperten auf den Fußboden.

»Viel kann man nicht gewinnen, weißt du, das ist nur logisch«, sagte Herr Eck. »Es kommt immer als erster rein, kam immer als erster rein, wird immer als erster reinkommen. Na, wie auch immer, diese beiden Hamadans gehen an uns zurück, und du kannst den Wathek behalten; nicht viel wert, aber besser als nichts.«

»Ichts ichts ichts.«

»Danke«, sagte Edgar und steckte die winzige Münze ein, die sie einen Wathek nannten. Der kleine Mann am Pult sagte:

»Irgendwas zu verzollen?«

»Was meinen Sie damit?« fragte Edgar.

»Du beantwortest die Frage. Du bringst Dinge ins Land, und du mußt sagen, was für Dinge es sind. Und für einige Dinge mußt du Geld bezahlen.«

»Aber Sie können doch sehen«, sagte Edgar, »daß ich nichts habe.« Und er streckte die Hände aus, als wolle er zeigen, daß nichts in ihnen verborgen war.

»Du bist ein ziemlicher Lügenbold«, sagte einer der Herren Eck. »Du hast doch diesen Wathek in der Tasche.«

»Na schön. Den möchte ich hiermit verzollen.«

»Nicht genug«, sagte der andere Herr Eck. Er ging hinüber in eine Ecke des Raumes und wischte dabei gereizt das Echo aus dem Wege. In der Ecke befand sich eine ganze Ladung alten Abfalls – Bucolica und

Eklogen und Barclays und Sylviusse und Ökonomiks und Bagehots und Darwins und Ectors und Kays und Truchsesse, alles sehr staubig. Er kam mit einer großen staubigen Reisetasche wieder heraus und begann, sie mit Hüten vom Hutständer vollzustopfen. Der Papagei tanzte und quietschte, und Echo quietschte ebenfalls, so daß der Papagei den Kopf auf eine Seite legte, um zuzuhören, aber inzwischen gab es nichts mehr zu hören. Herr Eck gab Edgar die vollgestopfte Tasche und sagte: »Jetzt.«

»Etzt etzt etzt.«

»Irgendwas zu verzollen?« fragte der kleine Mann am Pult.«

»Nur dies hier«, sagte Edgar.

»Beschlagnahmt. Wie kannst du es wagen, all diese Hüte ins Land zu bringen.« Und er begann, die Hüte auf den Hutständer zurückzuwerfen, wobei er mehrmals zur großen Schadenfreude des Papageis danebenwarf. Sehr grimmig sagte er: »Einen Paß hast du vermutlich auch nicht.« Er begann, böse in der Schublade zu wühlen, der das Echo entflogen war. »Taugt nichts, taugt nichts«, sagte er immer wieder. »Es gibt hier nichts Passendes. Dieser Paß ist für ein junges Mädchen aus den Tiefen von Manchester, Edda de Maris heißt sie mit Namen, und dieser hier ist auf einen alten Mann ausgestellt, der die Beschimpfung Snorri Sturlason als Namen führt und aus Trinitaria ist; sie passen also alle beide nicht.«

»Icht icht icht.« Das Echo war jetzt genau über dem Pult. Der kleine Mann ließ seine Hand nach vorn schießen, schloß sie und schrie:

»Erwischt. Hinein mit dir, meine Dame.« Und er

steckte eine Unsichtbarkeit in die Schublade und machte dann die Schublade zu. »So«, sagte er, inzwischen wieder finster. »Es sieht so aus, als müßten wir dich ohne Paß hereinlassen.«

»Danke«, sagte Edgar. »Und wie komme ich rechtzeitig zum Teetrinken nach Hause?«

Die Herren Eckermann und Eckhart sagten gleichzeitig: »Wir wissen hier nichts von Tee. Wir trinken Kakao.« Der Papagei kreischte Edgar unablässig an. »Auf wen wartest du noch, Junge?« sagte der kleine Mann hinter dem Pult. »Wir haben, das wird uns niemand absprechen, dir gegenüber unsere Pflicht getan, also ziehe deines Weges, egal, wohin es dich zieht.«

»Singen Sie ihm Ihr Lied vor, um ihn für seinen Weg munterzustimmen«, sagte einer der Herren Eck.

»So? Na gut, na schön«, grummelte der kleine Mann, und er sang griesgrämig, während der Papagei eine Begleitung kreischte:

»Sir Arthur Stanley Eddington
(1882 bis 1944)
Wurde im Owens College (Manchester) erzogen
Und war ein hervorragender Astronom,
Bekannt namentlich für seine Forschungen
Auf dem Gebiet des Stellarsystems und des inneren
Aufbaus der Sterne,
Außerdem für seine Beiträge
Zur Relativitätstheorie
Und der Popularisierung der
Modernen physikalischen Theorie.«

Da dies das Ende des Liedes zu sein schien, sagte Edgar: »Vielen Dank. Das war ganz reizend.«

»Reizend?« sagte Herr Eck. *»Reizend?* Stella Zistern war eins der schönsten Mädchen der Welt.« Daraufhin wandten alle Edgar den Rücken zu, der Papagei ebenfalls, also verließ er das Büro und ging in den Seewind hinaus. »Aufbau der Steeeeeerne«, schrien die Möwen.

2. Kapitel

Eden

Edgar ging auf das Land zu. Die Pier führte zu einer langen Straße, die sich nach links und rechts ausstreckte, so weit das Auge sehen konnte, und sie war voller angenehm aussehender Häuser, die sehr prächtig angemalt waren – rot und orange und grün und sogar lila –, und die Leute saßen vor ihren Haustüren in kleinen Gärten und sonnten sich. Sie winkten Edgar ganz freundlich zu, wie er so dastand, den Rücken dem Meer zugewandt, und sich fragte, in welche Richtung er gehen sollte. Sie waren meist ganz klein, und ein kleiner Mann hatte zwei Hunde, die viel größer waren als er selbst. Einen davon schlug er immer wieder mit einer schwachen, kleinen Hand und schrie »Ungezogen, ungezogen«, aber das riesige Biest, soviel war klar, spürte die Schläge gar nicht. Edgar blickte auf und sah einen Wegweiser, auf dem NACH EDEN stand. Es gab keinen Wegweiser, der andere Anweisungen gegeben hätte, also war es nach Eden, wohin er zu gehen beschloß. Als er aufbrach und sich zu diesem Zweck nach rechts wandte, rief eine kleine alte Frau, die sich auf einem Stuhl in ihrem Garten mit einer Zeitung Luft zufächelte:

»Nach Eden, stimmt's, junger Mann?«

»Wie weit ist das?« fragte Edgar.

»Es wird jeden Tag weiter«, sagte sie. »Das hat zu tun mit der Expansion des Universums, weißt du. Aber gegen Einbruch der Nacht solltest du dort sein, wenn du nicht trödelst.«

27

Edgar dankte ihr und begann zu gehen. Da der Anblick des Meeres zu seiner Rechten eher eintönig war, wechselte er auf die andere Straßenseite und kam im Weitergehen an einer Anzahl kleiner Läden vorbei, die Gavestons in Dosen, wollene Spielzeuglampen, Erdbeer-Isabellas und andere interessante Dinge verkauften. Und dann kam er zu einer Bäckerei, in der eine dicke, alte Frau vor Schmerz schrie, weil, wie sie der ganzen Welt berichtete (obwohl die ganze Welt nicht da war, um sie anzuhören, sondern nur ein sehr dünner spitzbärtiger Mann, welcher ständig kaute), sie sich die Hand verbrannt hatte, als sie ein paar Brotlaibe in den Ofen schob. Der Mann sagte zu ihr:

»Es ist nicht möglich, klar? So etwas wie Schmerz gibt es überhaupt nicht. Das ist alles Einbildung, klar?«

»Aber der Schmerz ist gräßlich, Mr Quimby. Sehen Sie, wie rot die Hand geworden ist. Oh, oh, der Schmerz ist fürchterlich.« Edgar stand dabei, hörte fasziniert zu, und sie nahmen absolut keine Notiz von ihm.

»Nun sehen Sie doch mal, Ma'am«, sagte Mr Quimby, »und hören Sie zu, klar? Es gibt zwei Dinge auf der Welt, klar? Eins davon ist Materie –: wie dieses Brot und diese Katze, die beim Ofen sitzt, und dieser Hut, den ich trug, als ich hereinkam, klar? Das ist Materie. Schweine und Staub und Zeitungen und Federhalter und Messer und Pickel und Furunkel und Karbunkel und Brandwunden an der Hand. Materie, klar, *klar?* Und das andere Ding ist Geist, das heißt der Gedanke, den ich jetzt denke, und der Gedanke, den Sie denken, klar? Also, Materie existiert eigentlich gar nicht, wußten Sie das? Also, jetzt wissen Sie es, Ma'am. Wenn ich ein Schwein oder ein Taschenmesser sehe, ist das nur ein Gedanke. Es ist etwas, was ich denke, klar? Da draußen ist nichts, und das trifft auf diese Katze zu und auf diesen Ofen, neben dem sie sitzt, das ist alles hier hier *hier* drin, im Geist. Klar, *klar*?«

»Ich vermute, Sie wollen sagen, daß dieser Schmerz auch innen drin ist?« schrie die Bäckersfrau. »Daß diese verbrannte Hand sich nur im Geiste abspielt?«

»Genau dort drin, Ma'am«, sagte Mr Quimby. »Sie denken, sie sei verletzt und rot und geschwollen. Alles, was Sie jetzt zu tun haben, ist zu denken, sie sei *nicht* verletzt und rot und geschwollen. Klar? Tun Sie das mal, Ma'am.« Er sah auf eine große Zwiebel von Taschenuhr, die er seiner Westentasche entnommen hatte, und sagte: »Und zwar ab *jetzt*.«

»Aber das ist doch Unsinn«, konnte Edgar nicht umhin zu sagen. »Ich meine, wenn es Zahnschmerzen wären, müßte doch der Zahn raus, oder? Es wäre doch immer noch ein schlimmer Zahn, auch wenn Sie sagen, daß es sich alles nur im Geist abspielt? Klar?«

Zu seinem Erstaunen schrie die Bäckersfrau, deren Hand wirklich furchtbar rot und schmerzhaft aussah, ganz laut: »Der Geist ist unsterbliche Wahrheit, und die Materie ist sterblicher Irrtum. Geist ist das Wahre und Ewige, und Materie ist das Unwirkliche und Vergängliche.«

»Das stimmt, Ma'am«, sagte Mr Quimby. »Sie lernen wirklich schnell.«

»Lernen?« sagte sie entrüstet. »Was meinen Sie mit ›Lernen‹? Ich habe es immer gewußt. Ich bin nämlich der Lehrer, und Sie sind der Schüler. Und *Sie* werden schnell lernen. Und zwar ab *jetzt*.« Und sie hob ein langes Brotmesser vom Tisch auf und stieß damit nach ihm. »Klar?« sagte sie.

»Au«, schrie Mr Quimby, als er um den Tisch rannte, hinter sich das Messer, »au, au, das hat mich am Ellenbogen erwischt, Ma'am, au au au au, jetzt haben Sie mir den Rücken meines Portland-Jacketts aufgeschlitzt, au, das ging jetzt voll in die Hauptschlagader, Ma'am.«

»Alles nur im Geiste«, schrie sie.

Edgar machte sehr schnell, daß er wegkam, da ihm weder das große Brotmesser noch der Ausdruck im Auge der Bäckersfrau gefielen. So hörte er die Schreie von Mr Quimby und die Rufe »Alles nur im Geiste, klar, *klar*?« und ging immer weiter, und bald hatte er großen Durst. Die Sonne war heiß, und seit dem Mittagessen hatte er nichts mehr getrunken. Eine Möwe flog in seine Nähe, schwebte vor seinen Augen in der Luft und plärrte: »Alles nur im Geiste, was, Kleiner? Hahahaha.« Dann flog sie davon.

Es dauerte nicht lang, bis Edgar zu einer Gasse auf seiner Linken kam, voll schattiger Bäume, und als er unter ihnen dahinschritt, dankbar für die Kühle, die sie spendeten, sah er eine Art Bogen, der aus Papierschnitzeln und Blumen gewebt zu sein schien, und das Wort EDEN in Glühbirnen, die, erstaunlich genug, denn es war ein strahlend heller Sommernachmittag, schwächlich an- und ausgingen wie eine Reklame für Autoreifen und Kaugummi. Einige Glühbirnen schienen jedoch nicht zu funktionieren. Er ging unter dem Bogen hindurch und sah unter dem Bogen einen fröhlichen kleinen Mann, der sich aus einer großen Schlammpfütze aufrappelte. Die Straße vor ihm war voll solcher Pfützen, als hätte es vor kurzer Zeit heftig geregnet, obwohl auf der Promenade, die Edgar gerade hinter sich gelassen hatte, keinerlei Zeichen dafür zu sehen waren. Der kleine Mann, hoffnungslos mit Matsch bedeckt, sprach freundlich und fröhlich, schüttelte sich Schlamm aus den Ohren, und aus einem ramponierten Zylinder, den er sich danach munter wieder auf den Kopf setzte, kippte er nicht nur Matsch, sondern auch Frösche, die vergnügt quakten.

»Es spielt sich alles im Geiste ab«, sagte der Mann. »Fröhlich von innen heißt ohne Vorbehalt auch fröhlich von außen, aber frag mich bloß nicht«, hier lachte er herzlich, »ohne was der Vorbehalt ist.«

»Eden«, sagte Edgar. »Eden ist ein anderer Name für das Paradies, stimmt's?«

»Alles im Geist«, sagte der Mann. Er kam auf Edgar zu, rutschte plötzlich aus und nahm ein weiteres

Schlammbad, aus dem er ebenso fröhlich wie vorher auftauchte, wenn nicht noch fröhlicher. »Man gewöhnt sich dran und findet Gefallen daran, wenn man immer fröhlich bleibt. Und es ist völlig umsonst. Du brauchst mir keinen Penny zu geben, keinen Hiddekel (oder Tigris, wenn du diesen Namen vorziehst), keinen Euphrates, keinen Pison oder Gihon. Einfach hinein, und, nie vergessen, es spielt sich alles, ha ha ha ha, im Geiste ab.« Edgar dankte ihm und ging weiter, wobei er den kleinen Mann in eine weitere Pfütze fallen und herzlich kichern hörte, aber, da dieser nun hinter ihm war, nicht sah.

Edgar hatte sein ganzes Leben lang noch keinen so jämmerlichen Ort gesehen. Die Sonne schien nicht; der Himmel war mit Regenwolken bedeckt, und es lag ein gräßlicher Geruch nach Leimfabriken in der Luft. Die Häuser, die er sah, waren schwarz von Ruß, und aus den Schornsteinen der großen schwarzen Gebäude kam schwarzer Rauch, von dem er husten mußte. Über die Straße war ein großes Spruchband gespannt, auf dem stand: EDEN HEISST FREUDE; VERGESST DAS BLOSS NICHT. Da waren viele große schwarze Fliegen, die unruhig herumflogen, und Edgar sagte bei sich: »Ob das nun alles im Geiste ist oder nicht – ich wäre froh, wenn ich jemanden finden könnte, der mir sagt, wohin ich gehen muß, um in die Schule zurückzufinden und dann nach Hause, damit ich noch etwas Tee abkriege.« Daraufhin erschien eine sehr merkwürdig aussehende Dame, die auf einem weißen Pferd ritt und Kleider eines vergangenen Zeitalters trug, einschließlich eines großen Hutes mit einem Schleier aus Musselin (um die Fliegen auszusperren, dachte Edgar), und sie hatte eine

Peitsche in der Hand. Mit dieser Peitsche schlug sie immer wieder auf einen kleinen Inder ein, der einen Turban trug, aber sonst nicht viel. Er rannte vor ihr her, und obwohl er wiederholt »Oh, aufhören damit, *Missi-Sahib,* oh, meine Güte, das sein sehr provokant, in der Tat, auf mein Wort, ja, *Missi-Sahib,* bitte jetzt aufhören damit, bitte« schrie, schien es ihm gar nicht weh zu tun. Tatsächlich schien die Peitsche ihn nie zu erreichen. Aber die Dame rief immerzu: *»Jildi, hitheroa,* ich werde dir das Fell gerben, beim leibhaftigen Harry, ich werde dich durchprügeln, bis du nur noch einen Zollbreit vom Tode entfernt bist«, und sie hob ihre Peitsche, und wieder pfiff sie durch die Luft. Der Inder mit dem Turban rannte, als er Edgars ansichtig wurde, hinter seinen Rücken, um Schutz zu suchen, und sagte: »Sie oft werden sehr ärgerlich, oh, meine Güte, ja, aber Ihr sein mein Vater und Mutter, *Sahib,* und Ihr werden mich vor ihrem Ärger schützen, oh, auf mein Wort, ja.« Die Dame sagte:

»Wer bist du, Junge? Was tust du hier?«

»Ich versuche, zum Teetrinken nach Hause zu kommen.«

»Tee«, sagte sie nachdenklich, »Tee. Ich rühre ihn nie an, schlecht für die Leber, viel lieber einen Whisky-*Pawnee,* einen *Chota-Peg,* verstehst du? Wenn du wirklich Tee magst, und es gibt solche, die ihn mögen, verstehst du, mußt du landeinwärts, äh, ja.«

»Ihr sprechen wahr, *Missi-Sahib*«, sagte der Inder aus seiner Zuflucht hinter Edgar. »Landeinwärts sehr guter Tee.«

»*Well,* er sollte es schließlich wissen«, sagte sie. »Hier geboren, trinkt das Zeug selbst. Warum habe ich ihn eigentlich dumm und krumm geprügelt? Fällt mir im Augenblick gar nicht ein. Muß aber einen Grund haben, verstehst du?«

»Sehr gute Gymnastik für Euch, *Missi-Sahib,* ha ha. Und für mich auch, meine Güte, ja.«

»Siehst du da oben«, sagte die Dame und zeigte mit ihrer Peitsche. »Das Zweifamilienhaus auf dem Hügel. Schreckliche Bude, natürlich −: paßt nur für zweifelhafte Familien – was, was?« Sie brüllte vor Lachen, und der Inder stimmte ein:

»Oh, sehr witzig, *Missi-Sahib,* Ihr sein sehr witzige Dame, oh, meine Güte ja. Ha ha ha.«

»Wie auch immer«, sagte die Dame, »du gehst dort hinauf, Junge, und fragst. Und jetzt«, sagte sie zu dem Inder, »was dich betrifft, du Fetzen lazarussisches Leder, so werde ich dich in Curry einlegen und dir die Haut abziehen, verstehst du?«

»Oho, Ihr sein sehr witzig, *Missi-Sahib.«* Und dann: »Au, au, das nicht tun, oh, meine Güte, bitte nicht«, als er wieder vor ihr herrannte, obwohl die Peitsche ihn immer verfehlte.

Edgar folgte ihrer Anweisung und kletterte einen kleinen Hügel hinauf, auf dessen Kuppe zwei miteinander verbundene Häuser standen, wodurch sich die Frage erhob, an welche Tür man zuerst klopfen sollte. Edgar wählte die erste, die er erreichte, nachdem er den gewundenen Pfad hügelan erklommen hatte. Sofort wurde die Tür, zu seinem Schrecken, von einer sehr großen Schlange geöffnet, die offenbar ihren Schwanz benutzt hatte, um den Türgriff zu betätigen. »Was ist?« zischte sie. Sie trug ein altmodisches Damenhäubchen. Edgar zitterte und fragte sich, ob dies wohl die Mutter des Ungehobelten Ungeheuers war oder sogar das Ungehobelte Ungeheuer selbst. »Wasss issst denn loossssss?« zischte sie wieder. »Du verschwendesst Zzzeit, Junge. Hassst du denn noch niemalsss eine Schlange gesehen?«

»Tut mir leid, Ma'am«, zitterte Edgar. »Man sagte mir, man würde mir, wenn ich hier heraufkäme, sagen, wie ich zurück zur Schule und dann nach Hause zum Teetrinken käme; jedenfalls wurde mir das gesagt.«

»Immer diese Gesagts«, sagte die Schlange böse. »Ich weiß nichts über Schulen, Junge. Ich bin nie zur Schule gegangen. Ich brauchte das gar nicht. Ich wußte alles, als ich geboren wurde. Und jetzt weiß ich mehr als alles, da ich jetzt älter bin als damals.«

»Ist es möglich, mehr als alles zu wissen, Ma'am?« fragte Edgar kühn, aber höflich.

»Wenn es möglich ist, weniger als nichts zu wissen«, sagte die Schlange stirnrunzelnd. »Und ich könnte mir vorstellen, daß du weniger als nichts über, Augenblick, mal sehen, mal sehen, ach ja, über den Herrn weißt, der nebenan wohnt.«

»Das stimmt, Ma'am«, sagte Edgar, »wenn nichts dasselbe bedeutet wie weniger als nichts.«

»Nein, esss bedeutet nicht dassssssselbe«, und die Schlange zischte ärgerlich. »Denn, wenn du überhaupt zur Schule gegangen bist (und ›Warum bist du jetzt nicht in der Schule?‹ ist eine Frage, die ich stellen könnte, aber nicht stellen werde), wüßtest du, daß minus eins weniger ist als nichts. Und nun, da wir gerade bei Zahlen sind, sag mir die größte Zahl, die es gibt, denn das wäre dann etwa soviel wie alles.«

»Das würde zu lange dauern«, sagte Edgar. »Als ich noch sehr klein war, habe ich mal an einem Sommerabend ein großes Schulheft mit ins Bett genommen und versucht, die letzte aller Zahlen aufzuschreiben. Aber es ist mir nicht gelungen.«

»Natürlich ist dir das nicht gelungen«, schnappte die Schlange. »Denn selbst wenn du eine Million Billion Trillion Quadrillion Quintillion Sextillion Septillion Oktillion Nonillion Schulhefte vollschriebest, könntest du noch immer eine Stelle dazuschreiben. Und dann noch eine. Und noch eine. Du siehst also: Ich weiß mehr als alles. Guten Tag.« Und sie knallte mit dem Kopf die Tür zu.

Edgar war von ihrem Diskussionsbeitrag nicht sonderlich überzeugt, aber er hatte keine Lust, gegen die Tür zu ballern, um sie wiederzueröffnen (die Diskussion, in diesem Falle, aber die Tür wäre, natürlich, ebenso gemeint gewesen), da er das schlechtgelaunte Zischen nicht mochte und sich ein bißchen daran störte, daß eine große Schlange ein Damenhäubchen trug und in einem Haus wohnte. Und wovon (oder von *wem*) ernährte sie sich? Der Gedanke ließ ihn schaudern. Er ging zum Haus nebenan und klopfte dort, und diesmal öffnete ein ziemlich angenehm aussehender Herr, der ziemlich im Stil von Shakespeare gekleidet war – Wams, Kniebundhose und Halskrause –, und dieser sagte lächelnd:

»Was ist?«

»Man hat mir gesagt, ich solle hierherkommen, Sir«, sagte Edgar, »um Sie zu fragen, wie ich den Weg nach Hause finde.«

»Komm herein, komm herein«, schrie der alte Mann und ging durch einen staubigen Flur voller Landkarten und Globen voraus. »Ich weiß alles darüber, wie man an Orte kommt.« Edgar folgte ihm in ein großes Zimmer, das, wie der Flur, voller Landkarten und Globen war. »Es ist meine Mission, sozusagen, im Leben, um es mal so auszudrücken, und ich werde dich bald, um es so zu formulieren, auf den richtigen Weg bringen. Ich vermute«, sagte er, »du warst bereits nebenan?« Er lachte laut. »Sie gehen alle zuerst nach nebenan, sozusagen, und es muß ein ziemlicher Schock sein, Miss Lilith, wie sie sich nennt, zu begegnen. ›Die Eden-Laube‹ nennt sie ihr kleines Haus, ein hübscher Name. Ich für mein Teil, um es so auszudrücken, werde Richard Eden genannt.«

»Wird denn alles und jeder hier Eden genannt?« fragte Edgar. »Oh, ich heiße Edgar.«

»Edgar Edgar Edgar«, sagte der alte Mann. »O ja«, sagte er, »sozusagen, es ist hier alles ein wenig edenifiziert. Daher der Name, weißt du, kann man sagen.« Dann begann er, in seinen alten, staubigen Landkarten herumzufuhrwerken, die für Edgar alle viel zu alt aussahen, um heute noch von irgendeinem Nutzen sein zu können, da sie alle voller weißer Flecken waren, auf denen TERRA INCOGNITA stand, was *unbekanntes Land* heißt, und dies traf sogar auf eine Karte von England zu, die bereits nördlich von London völlig leer war. Es gab eine Karte von Amerika, auf der stand, HIER SEYND DRACHEN, und das in dem dicht besiedelten Staat New Jersey.

»Ich möchte zurück in die Schule und dann nach Hause zum Teetrinken«, sagte Edgar, der sich nach einer Sitzgelegenheit umsah, aber nur Landkarten und Globen fand und außerdem immer noch großen Durst hatte. Tee Tee Tee, dachte er. Eine hübsche Tasse Tee mit Milch und Zucker. Und ein paar süße Biscuits. Und ein paar Teilchen. Und eine dünne Scheibe Brot mit Butter. Und ein Topf Kirschmarmelade.

»Ich könnte mir vorstellen, daß du sehr, sozusagen, sehr durstig bist. Vielleicht auch sehr hungrig, wenn wir es mal so ausdrücken wollen«, sagte Mr Eden.

»Ich würde alles geben, Sir«, sagte Edgar, »ich würde sogar mehr als alles (dabei dachte er an die Schlange, Miss Lilith) für eine schöne Tasse Tee geben.«

»Tee?« entfuhr es Mr Eden fast kreischend. »Oh, Tee kannst du nicht bekommen. Viel zu teuer. Es kann im ganzen Land kaum mehr als eine halbe Unze davon geben, um es mal so in Worte zu kleiden, und ich könnte mir vorstellen, daß sie sich im Besitz Ihrer Majestät der Königin, möge sie ewig leben, sozusagen befindet. Essen tut sie den Tee, mit einem bißchen Salz gemischt, wenn man es so ausdrücken mag, und es ist niemandem gestattet, ihr zu sagen, daß das nicht die korrekte Art und Weise ist.« Er schüttelte den Kopf traurig und heiter zugleich und ließ dann einen gewaltigen Ruf frei, wobei er sich zu einem viereckigen Loch in der Wand von der Größe eines kleinen Gemäldes drehte. »Maria!« schrie er. »Maria, Maria, um es kurz und scharf und deutlich auszudrücken!« Dann zwinkerte er Edgar zu.

»Ja, Sorr (wie die Stimme mit irischem Akzent ›Sir‹ aussprach), Euer Ehren«, kam eine kleine Stimme aus dem Loch, »was wollt Ihr überhaupt, wo ich mich doch ins mittlere Zentrum des Schlosses meiner hochgeborenen Herrschaft zurückgezogen hatte?«

»Bildet sich ein, weißt du, sozusagen«, sagte Mr Eden, »als Pionier, wie sie es ausdrückt, in Amerika gewesen zu sein und dort Edgar Huntly getroffen zu haben.« Er sah Edgar sehr genau an und sagte: »Du bist nicht zufällig der genannte Herr, oder? Nein, nein, du bist zu jung, um es mal so zu sagen, und du hast wohl auch keine Pio-Nieren. Nun, es ist nur logisch, daß sie nicht dort gewesen sein kann, wo sie, wie sie sagt, gewesen ist – in Kalifornien, im Wilden Westen und so weiter –, denn diese Gebiete sind auf der Karte noch nicht verzeichnet. Sieh, sozusagen, selbst.« Und tatsächlich, über ein Stückchen an der Nordostküste hinaus gab es auf keiner seiner Landkarten viel Amerika.

»Maria!« rief Mr Eden wieder. »Hol etwas zu essen und zu trinken für diesen jungen Herrn hier, sozusagen.«

»Oh, Sorr«, kam die Stimme zurück, »ich bin grad mittendrin mit meinem Frank und meinem Harry und mit Lucy. Aber ich komme dann schon noch und bringe, was sich für seinesgleichen zu bringen geziemt, Gott schütze und bewahre uns.«

»Gut, um es einmal so zu äußern«, rief Mr Eden. »Nun denn, ich glaube, dein bester Heimweg, der, um es akkurat in Worte zu fassen, dein unmittelbares und höchstes Anliegen ist, führt über Neufundland und West-Indien. Ja ja ja.« Und völlig vertieft begann er mit einem staubigen Winkelmaß auf einem großen Globus Entfernungen abzumessen. Während er dies tat, kam eine sehr große Maus aus dem Loch in der Wand und sagte: »Ach, Sorr, aber das Traurige daran ist, daß sich überhaupt nichts im Hause befindet, nichts als Landkarten und Globen, was als kleine Knabberei für unsereinen gut und schön ist, Sorr, was aber als ernsthafter Beitrag zur Ernährung eines jungen Springers wie diesem hier ganz und gar nicht das Geratene ist, ganz und gar nicht, Sorr, ganz und gar nicht.« Die Maus hatte sehr eifrig beschäftigte Schnurrbarthaare, sowie ein Röckchen an.

»Ja, dann allerdings«, sagte Mr Eden, »kann ich Ihnen gar nicht sozusagen gefällig sein, außer mit einem Lied, aber vielleicht wird ein Lied den Durst stillen, wenn ich mal so sagen darf, und Maria hier wird in den Kehrreim einfallen.«

»Aber ich bin gerade mitten in meinen moralischen Erzählungen und meinen Belindas, Sorr«, sagte die Maus mit einer Stimme, die ganz und gar nicht piepsig war.

»Du tust, was ich sage, Maria«, sagte Mr Eden mit einer schroffen Stimme, »und deine Allüren kannst du dir ebenfalls, wie man so schön sagt, schenken, von wegen Pioniertagen an Orten, die noch nicht existieren.« Und dann nörgelte er kaum hörbar: »Edgar Huntly, hat man sowas schon gehört, sozusagen.«

Dann hob er die Stimme, die bereits sehr hoch und zittrig war, und sang dieses Lied:

»Wasser ist trinkbar aus allen vier Meeren,
Wenn man nicht achtet des Salzgehalts.
Zwar ist es bei Käse kaum zu entbehren
Oder will man Sell'rie und Bohnen und Erbsen verzehren
Und alles, was sonst eure Gaumen begehren,
Doch Durst wird es leider nie löschen, das Salz.«

Dann entstand eine Stille, und Mr Eden sagte: »Los, Maria, fallen Sie in den Kehrreim ein«, aber die Maus sagte:

»Aber jetzt mal im Ernst, Sorr, mir bricht fast das Herz, wenn ich an Käse denke.«

»Nun lassen Sie mal den Käse Käse sein. Den Kehrreim, Maria, sozusagen.«

Dann sangen sie beide.

>*Salz, Salz, Gott erhalt's,*
Doch bei Durst hilft Dir Salz
Keinesfalls.«

Mr Eden sang wieder solo:

»*Ich trank aus den Ozeanen beim Reisen,*
Bis mein Magen am Rand des Zerfalls;
Im Norden war ich, wo die Meere vereisen,
Im Süden, wo müßig die Tümmler speisen,
Im Osten, wo Brisen um Gewürzbäume kreisen.
Drum glaubet getrost nur mir altem Weisen:
Durst wird es nie löschen, das Salz.«

Dann kam der Refrain, während Edgar immer dursti-
ger wurde:

»*Salz, Salz, keinesfalls*
Hilft es gegen den Durst Dir,
Das Salz.«

Sowohl Mr Eden als auch die Maus Maria schienen
Applaus zu erwarten, also spendete Edgar ihn. Woraufhin sich Mr Eden auf sehr altmodische Weise verbeugte
und sagte: »Ich glaube, Edenborough ist genau das
Richtige für ihn, meinen Sie nicht auch, Maria?«

»Aber ganz gewiß doch, Sorr, da nehmen Sie mir das
Wort direkt aus dem Munde. Das wäre der rechte Ort
für ihn, aber mit Sicherheit und keine Widerrede.«

»Und wie komme ich dorthin, Sir?« fragte Edgar.

Das schien Mr Eden in ziemliche Verlegenheit zu
stürzen. Er sagte: »Nun, ich bin selbst noch nie dort

gewesen, naturgemäß, wenn ich mich mal so ausdrük-
ken darf, da ich hier mit meiner Arbeit voll ausgelastet
bin, sozusagen, und, der Wahrheit die Ehre, ich kann
es auch auf keiner der Landkarten finden. Aber unsere
Maria hier sagt, es existiere, wenn der Ausdruck gestattet ist.«

»Ganz bestimmt, Sorr, existieren tut es, und einen
besseren Ort hat es auf zwei Beinen nie gegeben.«

»Sie sagten aber auf vier Beinen, sozusagen«, sagte
Mr Eden stirnrunzelnd.

»Zwei und vier −; das ist ja wohl dasselbe«, sagte
Maria.

»Aber nein, das sind sie nicht, wie ich Ihnen wiederholt sozusagen gesagt habe«, sagte Mr Eden, welcher
sich bereits verfärbte.

»Nun, Sorr, das hängt alles davon ab, wie man die
Sache betrachtet.«

»Nein, das tut es nicht, wenn ich es mal so ausdrük-
ken darf.«

»Sie werden die Bemerkung verzeihen, Sorr, aber
das tut es doch.«

Edgar sah, daß sich ein langweiliger Streit anbahnte,
also nahm er seinen Abschied, wobei er sich zuerst
höflich vor Mann und Maus verbeugte und dann sagte:
»Ich bin sehr dankbar für all Ihre Hilfe«; Worte, die
unbeachtet blieben. Mr Eden und seine Haushälterin
warfen einander nunmehr staubige Landkarten an den
Kopf, und Maria schnitt dabei, obwohl sie vergleichs-
weise klein war, nicht übel ab. Das Zimmer war voller
Staub.

Edgar kletterte den Hügel hinunter und sah, diesmal
in einer Wolke aus Staub, wie er unter freiem Himmel

vorkommt, einen Mann zu Pferde in einer feinen Rüstung, mit einer majestätischen Krone auf dem Kopf, der eine kleine Armee anführte, die des Staubes wegen hustete. *»Avant, mes amis«*, schrie der Mann auf dem Pferd, der Edgar wie ein französischer König vorkam. *»Moi*, Heinrich der Vierte von Frankreich, ziehe gegen *lui*, Ludwig den Vierzehnten von Frankreich, zu Felde. Wie konnte er es wagen, zu tun, was er tat. *Avant, à la victoire.«* Edgar, der nun unten auf der Straße war, sagte zu einem sehr kleinen Soldaten, der von dem aufgewirbelten Staub bitter hustete:

»Was hat er denn getan?«

»Moi«, sagte der Soldat, *»je ne parle pas français.«*

»Ich habe aber doch englisch gesprochen«, sagte Edgar.

»Ach so, das war es«, lach-hustete der kleine Soldat. »Ich bin in letzter Zeit so verwirrt; den einen Tag kämpft man für die Deutschen, den nächsten für die Belgier und für die Spanier, wenn es sich grad so trifft, übers Wochenende, so daß ich gar nicht weiß, wo ich gerade bin. Was sagten Sie eben so richtig?«

»Worum geht der Krieg überhaupt?«

„Ich verstehe kein Deutsch."

»Aber ich habe doch englisch gesprochen.«

»Aha, soso. Nun, es genügt nicht, wenn man weiß, worum es in einem Krieg geht, denn dann hat man vielleicht keine Lust, in dem Krieg mitzukämpfen, und wenn man keine Kriege führt – woher soll man dann seine Butterbrote beziehen, hm? Woher? Von einer schönen großen Tasse Tee mit viel Milch und Zucker gar nicht zu reden.«

»Dafür würde ich alles geben«, sagte Edgar.

»Davon bin ich überzeugt«, sagte der Soldat, »aber dort, wohin ich gehe, gibt es höchstwahrscheinlich Wein.«

»Ruhe im Glied!« Ein Feldwebel mit einem riesigen gesträubten Schnurrbart, die Uniform von oben bis unten mit Staub bedeckt, begann, den kleinen Soldaten zu schubsen und schubste dann auch Edgar. »Du da, Junge, wo ist deine Trommel? Du solltest an der Spitze marschieren, ein paar Schritt vor dem Hengst Seiner Geheiligten Majestät, trommeln, was das Zeug hält, und die Männer im Takt halten.«

»Aber ich bin nicht in Ihrer Armee«, sagte Edgar. »Und ich wäre Ihnen dankbar, wenn Sie mich nicht so schubsten.«

»Ich soll dich also anders schubsen, was?« bellte der Feldwebel. »Das kann ich, das kann ich glatt, Junge, o ja. Also Abmarsch, mach, daß du wegkommst, wenn es dir auf den Magen schlägt, in einem gerechten Krieg mitzukämpfen. Singt«, schrie er dann. »Singt, ihr unterzüchteten Klumpen Stinkfäule, und laßt eure feigen Herzen höher schlagen.« Sofort begannen alle Soldaten zu singen, einschließlich Seiner Geheiligten Majestät, obwohl einige wegen des Staubs zu heftig husteten, um überhaupt so recht eine musikalische Anstrengung unternehmen zu können:

Freiheit des Gewissens,
Das ist es, was uns frommt.
Nicht, daß man wegen jedem bißchen
Ins Gefängnis kommt.
Wir wollen in die Kirche gehen,
Wann's und wie's uns beliebt,
Und freitags keine Fische sehen,
Nur Fleisch, falls es das gibt.

Edgar beobachtete, wie sie in einer gewaltigen Staubwolke weitermarschierten, bis sie nicht mehr zu sehen waren, und schlug die entgegengesetzte Richtung ein, denn er hatte das sichere Gefühl, daß sie nicht nach Edenborough marschierten. Edenborough, da war er ganz sicher, wurde nicht von König Ludwig dem Vierzehnten von Frankreich regiert. Auf jeden Fall war er ziemlich sicher.

3. KAPITEL

Die Straße
nach Edenborough

Bis nach Edenborough mußte man lange, lange gehen, und Edgar sah sehr wenig, was er unterwegs hätte bewundern können. Auf einer Seite waren Wiesen mit Kühen, und auf der anderen war ein Bach, parallel zur Straße, der von springenden Fischen wimmelte. Den Kühen hatte man beigebracht, wie man singt. Edgar fragte sich, wer sich die Mühe gemacht und so viel Zeit damit verschwendet hatte, es ihnen beizubringen, um so mehr, als ihre Lieder nicht sehr melodiös waren. Ihr Hauptlied war ein Lied, das *My country 'tis of thee* heißt, wenn man Amerikaner ist, und *God save the Queen* (oder *King,* wenn sich zufällig gerade ein König auf dem Thron befindet — auf welchem sich, während ich Edgars Geschichte erzähle, eine Königin — Gott segne sie — aufhält, leuchtend an Schönheit und strahlend an Hirn: Ihre Majestät — Gott segne und erhalte sie — Edith die Erste, die einen so langen — möge sie ewig leben — und weißen Hals hat — der Himmel erhalte ihn —, daß sie manchmal — in totaler und angemessener und loyaler Verehrung — Edith Schwanenhals genannt wird), wenn man zufällig Brite ist. Die Kühe kamen natürlich weder mit dem Text der einen noch der anderen Fassung zurecht, aber sie gingen an die Melodie heran, indem jede Kuh nur eine Note übernahm. So brüllte eine Kuh zuerst die erste Note, wiederholte sie

47

dann (da die erste und die zweite Note die gleichen waren), woraufhin eine lange Pause entstand, während welcher es einer anderen Kuh langsam klar wurde, daß sie mit Singen dran war, und dann brüllte sie die dritte Note heraus. Auf diese Weise dauerte es etwa drei Minuten, bis »My coun try« (oder »God save our«) abgesungen war, und dies machte den ganzen Vorgang sehr langweilig. Aber die Kühe bekamen dadurch etwas zu tun und brauchten nicht nur Gras zu mampfen und Milch zu machen, so daß es vielleicht doch keine solche Zeitverschwendung war. Sie beherrschten, offenbar, noch ein anderes Lied, das viel schwerer war, und zwar *Pop, goes the weasel*. Bei ihnen klang es wie ein Trauermarsch für eine Trauergemeinde ohne Beine.

Die Fische im Bach zu Edgars rechter Seite waren viel lebhafter. Sie sprangen hoch, um Fliegen zu fangen, die sie alle dem Namen nach kannten, aber es gelang ihnen nie, eine zu fangen. Sie ertrugen das ganz lässig, und Edgar hörte, wie sie zwitscherten: »Das war Frank Jeffrey; wieder daneben« und »Harry Brougham geht mir doch immer wieder durch die Lappen« und »Sid Smith ist zu schnell für mich; Gott segne ihn.« Ein alter Fisch, dessen Gespringe ein bißchen mühsam und peinlich aussah, als hätte er Fisch-Rheuma, schimpfte vor sich hin: »Man sollte den Schutzmann verständigen. Der soll ihnen eins mit dem Knüppel überziehen«, aber keiner der anderen Fische schenkte ihm Beachtung. Es waren sehr hübsche Fische, silbrig, mit goldgeflecktem Kopf, und einige grüßten Edgar voller Liebenswürdigkeit: »Auf Beinen unterwegs, wie man sieht, noch dazu auf dem Trockenen. Nimm Vernunft an, junger Mann. Wasser ist das einzig Wahre.« Edgar winkte ihnen zu, lächelte mit sehr trockenem Mund, vergaß sie aber bald, und die Kühe ebenfalls, denn er kam zu einem kleinen Kiosk am Straßenrand, in dem Flaschen mit Trinkbarem verkauft zu werden schienen.

An diesem Kiosk, der durch einen großen Schirm in den Farben des Regenbogens vor der Sonne geschützt war, flatterte eine Fahne, welche »BENETZEN SIE IHRE AUSGEDÖRRTE GURGEL MIT EDWINS SPRITZIGEN SPRUDELGETRÄNKEN« verkündete. Als Edgar sich dem Kiosk näherte, fand er den Getränkeverkäufer selbst

der Länge nach hingestreckt auf seinem Tresen liegen und feste schnarchen. Es war, wie Edgar mit Interesse feststellte, ein großer gefleckter Hund mit einer Hose von grauenhaftem Zuschnitt, dessen lange Schnauze im Schlaf gereizt zuckte. Edgar machte sich seine Bewußtlosigkeit zunutze, und zwar nicht (da sei der Himmel vor!), um zu stehlen, sondern um zu prüfen. Keins der auf Flaschen gezogenen Getränke, die sich trotz der Sonne und dem Mangel an Eis sehr kalt anfühlten, kam ihm bekannt vor. Bischofsbeerenmost, Krankfeier-Bräu, Rossettiade, Hans-&-Franz-Saft –: nichts davon hatte er je gesehen. Er nahm eine angenehm kalte Flasche ›Sir Walter Scott's Unsäglicher Und In Keiner Weise Imitierbarer Scotch Mit Soda‹ in die Hand, als er ein Knurren hörte: »Hab' ich dich erwischt, was, grrrrr?«

»Ich habe nicht gestohlen, ich habe nur gekuckt«, sagte Edgar. Der Hund lag immer noch da, runzelte die Stirn und knurrte, weil er wohl dachte, das Knurren würde schon genügen, um Edgar wegzugraulen. »Ich würde gern was trinken, wenn ich darf. Ich habe schrecklichen Durst.«

»Wieviel Geld hast du, grrrrr?«

Edgar holte seine winzige Münze hervor, was nicht ganz leicht war, da er sie erst von dem Radiergummi und den Kreidestückchen und dem Bindfaden und den Brotkrumen und den Ameiseneiern in seiner Hosentasche trennen mußte. »So viel«, sagte er schließlich. »Einen Wathek.«

Aus dem Hund drang ein lautes Gelächterknurren: »Hahahagrrrrrrhahagrrrrrahaha. Damit kommst du bei mir nicht sehr weit, bei Seiner Majestät König Edwin, grrrr. In Northumberland, wo ich herkomme, machen wir sehr kurzen Prozeß grrrr mit Leuten, die nur grrrr Watheks parat haben. Also lege ihn auf die Theke neben meine linke Hinterpfote grrrr und nimm dir eine Flasche Edom O'Gordon's Dänentraubenlatzhosensaft grrrr. Da ist ein Gesicht auf der grrrr Flasche.« Edgar tat mit der Münze wie geheißen und stöberte dann nach der fraglichen Flasche. Er hatte große Schwierigkeiten, sie zu finden, aber schließlich war aus der glänzenden Phalanx fremdartiger Getränke eine leise Stimme zu hören: »Du suchst mich wohl, stimmt's?« Edgar streckte die Hand aus und verdrehte die Augen, um den Ursprung der Stimme zu finden, während die Stimme sagte: »Heiß, ganz heiß, jetzt wieder kalt, jetzt ist es sehr kalt, jetzt ist es eiskalt, jetzt bist du bei den Eskimos, jetzt bist du am Nordpol, ah, besser, besser, ah, jetzt bist du am Äquator, jetzt hast du mich, jetzt hast du mich, ah.«

Die Flasche war wirklich winzig, und Edgar konnte das Gesicht auf dem Etikett kaum sehen; es schien einem vergnügten Mann mit schwarzem Bart zu gehören und war viel, viel kleiner als der Kopf von Königin Edith (Gott segne sie) auf der Briefmarke in einer Puppenstube. Aber die Stimme war fruchtig und klar. »Hol mich runter, Junge. Nur zu. Tu dir mal was Gutes an – oder was Schlechtes, je nachdem, wie's dir gerade geht.« Es schien ein sehr kleines Getränk zu sein, um einen Durst zu löschen, und Edgar gefiel es gar nicht, daß das Wort *schlecht* verwendet worden war. Trotzdem zog er den winzigen Korken mit den Zähnen heraus und steckte sich die Flasche unverzüglich in den Mund (sie war viel zu winzig, als daß er sich an ihr hätte verschlucken können). Dann saugte er den winzigen Tropfen Getränk heraus. Es war schwer zu sagen, wie es schmeckte; als hätte man sehr, sehr kaltes Eis mit dem Geschmack von Korinthen, Rosinen, kandierter Zitronenschale, Schokolade, Vanille, Muskatnuß und einem Schnipsel von angebranntem Schweinebraten versetzt. Sofort hatte Edgar viel weniger Durst. Das Gesicht auf dem Etikett wurde still und stumm, aber der Hund, der sich König Edwin von Northumberland nannte und der ihn die ganze Zeit beobachtet und leise in sich hineingeknurrt hatte, schlug plötzlich laut bellend an.

»Was soll das denn nun wieder?« fragte Edgar. »Habe ich etwas falsch gemacht?«

»Wau wau wau«, oder so ähnlich bellte König Edwin. »Ich sagte, du sollst dir eine Flasche nehmen, aber nicht, du sollst sie trinken.«

»Aber das bedeutet doch dasselbe. Wenn man jemanden bittet, sich ein Stück Kuchen zu nehmen, bedeutet das, er soll es essen. Außerdem haben Sie mir nicht gesagt, ich soll aufhören, als ich anfing zu trinken.«

»Das, wau wau, geschah, um dich in deiner ganzen Schlechtigkeit zu sehen, die, wie ich wußte, vorhanden war. In Northumberland würden wir kurzen Prozeß machen, das kann ich dir versichern. Nun denn, sich ein Stück Kuchen nehmen, heißt, daß man es ißt, nicht trinkt. Und du hast das Zeug ausgetrunken, wau wau, grrrrr.«

»Falsch«, protestierte Edgar. »Wenn man sich ein Buch aus dem Regal nimmt, heißt das auch nicht, daß man es ißt.«

»Woher willst du das wissen, Junge, wau wau? In

Northumberland, wo ich König war, pflegte man Bücher zu *verschlingen*. Ich weiß, wovon ich spreche, weil ich selbst so manches verschlungen habe, grrrrr. Aber all das ist nicht der springende Punkt.«

»Sie meinen«, sagte Edgar und wurde langsam ärgerlich, »ich hätte diese Flasche *essen* sollen und nicht trinken? Aber das ist doch lachhaft.«

»*Ich* werde dir sagen, was lachhaft ist und was nicht, da ich nämlich grrrr König Edwin bin. Nun tu, was ich sage, Junge, wau grrrrr wau.«

»Sie meinen, ich soll die Flasche *essen?*« rief Edgar.

»Nein nein nein nein nein, wau wau wuff grrrrr. *Lies sie.*«

Edgar zuckte die Achseln: dies war bestimmt ein *toller* Hund. Er wollte gerade sagen, daß es auf dem Etikett nichts zu lesen gab außer einem winzigen schwarzbärtigen Gesicht, aber er sah ein, daß es keinen Sinn hatte, sich mit einem tollen Hund herumzustreiten, der glaubte, er sei König Edwin von Northumberland. So sah er unten auf das Etikett und fand dort – nicht wirklich zu seinem Erstaunen – ein Gedicht, in wunderschön klarer Handschrift und sehr leicht zu lesen. Er las es laut, und der Hund gab eine Art schnurrendes Knurren von sich, als hätte er Katzen unter seinen Vorfahren, und das schien darauf hinzudeuten, daß er sich gern laut vorlesen ließ:

Vor Thomas Alva Edison zieh' ich den Hut,
Und seinen Namen preis' ich.
Holländisch-Schottisch war sein Blut,
Und er starb 1931.
Doch gelebt hatte er lange und viel,
Und sein Leben zählte 84 Jahre.

Er schuf Apparate in jedem Stil,
Das Telephon z. B., das wunderbare,
Bevor Graham Bell sie erfand, diese Sachen.
Schier 30 Jahre war er alt,
Und viele neigten zum Lachen,
Und viele Leute schrien: »Gewalt!«,
Weil er den Phonographen baute.
Als er 32 geworden war,
Bewies er, daß er sich traute,
Und baute die Birne, so hell und so klar.
Die Photographien fand T.A.E. fein; er
Machte laut Ha ha ha
Und Filme aus Fotos mit seiner
Kinetoskopischen Kamera.

»Ein interessanter Mann, dieser Edison«, sagte König Edwin, »grrrrr-schnurrrrr. Wenn wir den in Northumberland gehabt hätten, ist gar nicht auszudenken, was für Wunder er vollbracht hätte. Alsdann, Junge, grrrrr, mach dich auf den Weg in meine herrliche Stadt Edenborough.«

»Ihre?« sagte Edgar.

»Ja, ja, grrrrr ja, sie haben sie nach mir benannt. In Wirklichkeit ist es nämlich Edwin grrrr, aber beim Aufschreiben haben sie einen Fehler gemacht. Ich habe das natürlich nicht korrigiert, denn es war ein sehr kalter Tag, und jeder, der mich besuchen kam, sagte: ›Edwin, brrrrr‹, und deshalb war es nicht weiter schlimm.« Der Hund schlief wieder ein, schnarchte laut, und Edgar, ein wenig erfrischt, setzte seine Reise fort.

Er hatte noch mehrere Meilen (oder Kilometer – natürlich mehr Kilometer als Meilen) zu gehen, bevor er ankam. An einer Stelle kam er zu einer großen

Bekanntmachung, die an zwei Säulen befestigt war, an denen Spechte fröhlich herumhackten, und darauf stand: »MEHRERE MEILEN NACH EDENBOROUGH. MEHRERE × 1,609 KILOMETER AN DENSELBEN ORT. ABER ES LOHNT SICH!« Er hatte großes Glück, denn eine Art Lieferwagen, der in einer Staubwolke direkt vor ihm hielt und mit Hupen hupte, die eine kleine Melodie hupten, bot an, ihn mitzunehmen. Als sich die Staubwolke verzogen hatte, konnte Edgar erkennen, daß auf dem Lieferwagen EDENBOROUGH REVUE geschrieben stand. Er lief hin, der Fahrer hatte die Tür bereits aufgemacht, und er stieg ein und sagte mit echter Dankbarkeit Dankeschön und stellte fest, daß das Innere des Lieferwagens mit kleinen Männern angefüllt war, die ihn fröhlich begrüßten. Als Edgar einen Platz gefunden hatte – er mußte erst eine hölzerne Schachtel mit dem Etikett *1a Geräucherter Schellfisch* und eine

schwere getigerte Katze, die sie bewachte, beiseite räumen –, waren diese kleinen Männer sehr darauf erpicht zu erklären, wer sie waren und was die Edenborough Revue war. Sie, sagten sie, *waren* die Edenborough Revue. Sie sangen und tanzten und erzählten Witze und führten kleine Stücke vor, und einer, der sagte, er heiße Tommy Carlyle, machte Leute nach. Er war ein trauriger kleiner Mann, der seine R stark rollte und immer wieder sagte: »Och, so isses nun mal, und anders isses nun mal nicht.«

»Was für Leute machen Sie denn nach?« wollte Edgar wissen.

»Och, hier hätten wir zum Beispiel mal König Eduard den Ersten von England.« (Während er das sagte, dachte Edgar: »O nein, nicht schon wieder diese ganzen langweiligen angelsächsischen Könige«, aber dann fiel ihm ein, daß Eduard der Erste *kein* Angelsachse gewesen war). Tommy Carlyle ordnete sein trauriges Gesicht zu einer Miene, aus der hochnäsige Majestät sprach. Dann sagte er: »Und jetzt der neue: König Eduard der Zweite.« Er machte das gleiche Gesicht wie vorher. »Und jetzt der danach«, sagte er: » – König Eduard der Dritte.« Es war immer noch das hochnäsig majestätische Gesicht.

»Mehr machen Sie nicht? Nur die König Eduards von England?«

»Och«, sagte Tommy Carlyle, »es gibt so furchtbar viele davon. Nach meiner Rechnung sind es neun.«

»Acht; soviel ist sicher«, sagte Edgar. »Eduard der Achte war der letzte. Er herrschte weniger als ein Jahr. Danach waren es nur noch... Also, ganz bestimmt keine Eduards mehr.«

»Och, du bist ein ganz durchtriebener kleiner Stromer«, sagte Tommy Carlyle. »Aber so isses nun mal, und anders isses nun mal nicht, und das stimmt sogar. Eduard der Neunte −: Das war doch wenigstens noch ein Monarch, der diese Bezeichnung verdiente, obwohl er ein gottverdammter Engländer war.« Und er ordnete sein trauriges Gesicht zu einer Miene, aus der hochnäsige Majestät sprach. Die übrige Truppe klatschte heftig, deshalb fiel Edgar gegen seinen Willen in den stürmischen Applaus ein, und Tommy Carlyle machte eine traurige Verbeugung.

»Das bringt keiner so wie Tommy«, sagte ein Mann, der sich Mr Gladstone nannte und eine schwere Tasche auf dem Knie wiegte. »In Edenborough liegt ihm immer der ganze Saal zu Füßen.«

»Und was machen *Sie,* Sir?« fragte Edgar.

»Ich spiele Klavier auf den schwarzen Tasten«, zwinkerte Mr Gladstone. »Und der gute alte Tom Macauley da drüben −: Er spielt Klavier auf den weißen Tasten.«

Der Mann, von dem die Rede war, rauchte eine große Pfeife, die nach verbranntem Papier roch, und nickte ständig, um anzuzeigen, daß alles stimmte.

»Gleichzeitig?« fragte Edgar.

»Nun, äh, ja«, sagte Mr Gladstone. »Manchmal verheddern wir uns natürlich ein bißchen. Aber wenn man diese ganzen schwarzen und weißen Tasten hat, ist es nur logisch, daß sie auch alle gespielt werden müssen; sonst hätte man sich die Ausgabe sparen können. Stimmt's, Tom, oder hab' ich recht?«

»Stimmt, Bill, stimmt.« Und Mr Macauley nickte. Ein Stück brennendes Papier fiel aus seiner Pfeife auf das Katzentier, welches überhaupt keine Notiz davon nahm, da es ohnehin bald ausging (das brennende Papier, nicht das Katzentier).

»Aber das muß sich doch... nun... ziemlich scheußlich anhören«, sagte Edgar.

Mr Gladstone lächelte. »Das sagen alle«, sagte er. »Und das zeigt nur, daß sie nicht viel davon verstehen. Ungebildet, das ist ihre Schwierigkeit. Stimmt's Tom?«

»Stimmt, Bill, stimmt.«

»Man muß dazu erzogen sein«, sagte Mr Gladstone. Dann zog er eine Zeitung aus seiner Tasche und begann, die erste Seite mit eingehender Aufmerksamkeit zu lesen, die ihm die Runzeln auf die Stirne trieb. Die Zeitung schien mindestens hundert Jahre alt zu sein. Ein Mann, der fast genauso alt aussah und gebeugt und steif dazu, aber behauptete, er sei Tänzer (und er heiße Sir J. Stephen) sagte nun:

»Noch nicht durchgelesen, Bill? Du liest diese Seite jetzt, wie ich mit Bestimmtheit weiß, die letzten fünfundfünfzig – nein, ich lüge ja – die letzten sechsundfünfzig Komma fünf fünf fünf Periode Jahre.« Mr Gladstone sagte sehr gemessen:

»Steckt wohl mehr dahinter, als es den Augenschein hat; deshalb mußt du sie so aufmerksam lesen. Stimmt's Tom?«

»Stimmt, Bill, stimmt.«

»Hier steht zum Beispiel: BANKRÄUBER KASSIEREN FÜNFZEHNTAUSEND PFUND. Ich denke über die wahre Bedeutung dieser Schlagzeile immerhin schon seit etwa...«

»...sechsundfünfzig Komma fünf fünf fünf Periode Jahren nach«, sagte Sir J. Stephen.

»Genau. Und ich glaube, es bedeutet in Wirklichkeit, daß sie fünfzehn Monate kassiert haben; daß das ihre Gefängnisstrafe ist, versteht ihr?«

»Sie meinen«, sagte Edgar, »daß *tausend Pfund* eine Art Code für *Monate* ist?«

»Könnte sein«, sagte Mr Gladstone ernst. »Man muß ganz tief hineinblicken. Man sagt doch immer, Zeit ist Geld. Stimmt's, Tom?«

»Stimmt, Bill, stimmt.«

»Das würde«, sagte Edgar, der es flink im Kopf ausrechnete, »in den Monaten September, April, Juni und November fünfhundert Pfund pro Tag bedeuten.«

»Bitteschön, da haben wir's«, sagte Mr Gladstone triumphierend. »Und bei fünfundzwanzig Stunden pro Tag – denn das ist mein Ziel, und das muß und werde ich im nächsten Parlament erreichen – würde das bedeuten, daß... Rechne du das mal aus, mein Junge.«

»Zwanzig Pfund die Stunde«, sagte Edgar sofort.

»Und gar nicht mal übel bezahlt«, sagte ein Mann mit einem Clownskostüm namens Art Stanley. »Besser als *wir.*« Dann sah er mit seinem angemalten Gesicht bitterernst aus dem Fenster, und Edgar guckte ebenfalls. Es gab dort eine Aussicht auf Berge und auf einen wunderschönen großen See, der in der Sonne glänzte, und an dessen nächstgelegenem Ufer schienen Männer herumzutanzen. »Da sind sie also«, sagte Art Stanley. »Jetzt aber nichts wie raus und hin.« Die übrige Truppe seufzte und nickte. Mr Gladstone sagte zum Fahrer:

»Wir müssen aussteigen, Matthew, und die Burschen ein bißchen aufmischen.« Der Fahrer, ein Mann mit Bleistiften und Federhaltern hinter beiden Ohren, nickte traurig und gab dem Lieferwagen, nachdem er ein Stück von der Landstraße heruntergefahren war, die Bremsen. Edgar sagte:

»Wen? Warum?«

»Dichter«, sagte Mr Macauley und blies brennendes Papier aus seiner Pfeife. »Konnte diese Bande noch nie ausstehen. Aber man muß sich langsam an sie anschleichen.«

Edgar seufzte und stellte keine weiteren Fragen. Stattdessen stieg er mit den anderen aus, und die anderen flüsterten einander ständig sehr laut »Pssssst« zu und begannen, schwächlich durch das lange Gras zu kriechen. Tommy Carlyle mußte niesen.

»Psssssst. PSSSSSSSSSST!«

»Ich kann nicht anders, Mann. Das ist der Heuschnupfen. Arzt-HUUUUU!«

Es war etwa ein Dutzend Männer, das dort am See herumtanzte, und sie waren alle ziemlich lang und dünn, bis auf einen, und der war dick und keuchte heftig und sagte:

»Was ist das Summmmjekt oder Ommmmjekt dieser Übung?

»Nun hört mal zu«, sagte ein dünner Mann mit wirrem Gesichtsausdruck und ganz vielen Zähnen. »Man muß die Inspiration in Gang bringen. Inspiration heißt Atmen, versteht ihr, und deshalb atmen wir jetzt richtig schwer.« Dann begann er zu rezitieren:

Ein Blümchen ist die Osterglocke.
Ihr Sparstrumpf ist mehr eine Socke.
Sie haut die Kohle auf den Kopp
Und kauft sich was in Gelb; salopp
Ist sie, kokett und eitel,
Doch liebt sie Regen auf dem Scheitel,
Selbst wenn ein Sturm der Grafschaft grollt.
Denn all dies ist naturgewollt.

Tommy Carlyle, der im Gras lag und versuchte, sein Niesen unter Kontrolle zu bringen, gab ein lautes belferndes Geräusch von sich, wie ein Hund, der den Mond anheult, und schrie: »Och, dieser dämliche Heuschnupfen, verdammtnochmal! Och, es ist wahrhaftig ein Graus.« Mr Gladstone nickte den anderen resigniert zu und rief dann:

»Leichte Brigade, vorwärts!«

Was Edgar dann sah, war nicht sehr erbaulich. Die Mitglieder der Edenborough Revue stürzten sich ziemlich matt auf die Dichter und versuchten, sie in den See zu werfen. Aber der dicke Dichter, der von den Summmmjekten und Ommmmjekten gesprochen hatte, hob die Hände in die Luft und sagte: »Magie. Dichtung ist Magie. Sowohl das Summmmjekt, als auch das Ommmmjekt.« Und er rezitierte, während die dünneren Dichter in den See geworfen wurden und dann wieder herauskamen, um die Edenborough Revue in den See zu werfen:

> *Ein Wiesel schmiß eine große Gitarre*
> *Gegen die Küste der Barbarei,*
> *Wo Lemminge hausen in Todesstarre*
> *Und Weisheit stinkt wie eine Zigarre,*
> *Geraucht von Sir Hubert Laurelee-Loreley;*
> *Den Segensspruch bellte es bang in die Sonne*
> *Und quakte manch quietschende Flüche mit Wonne*
> *Gegen das Sternbild der Großen Karre,*
> *Und als der gräßliche Tag war verronnen,*
> *Taucht' es ins brennende Meer mit Geschrei,*
> *Und dort, soweit ich davon weiß,*
> *Mag sein Lied, und Freude sei auch dabei,*
> *Den Beißenden trösten und sein Gebeiß,*
> *Zu Hause gibt's Tee nach der Weltreiserei.*

Sogar Edgar, der das Ganze für Unsinn hielt, war von dieser letzten Zeile angerührt, aber der Effekt auf Tommy Carlyle war ganz bemerkenswert. »Och, och«, sagte er und nickte, »meine lieben Freunde, das ist gar nicht mal so übel. Es hat einen gewissen Reiz, das muß ich durchaus zugeben.« Die Dichter machten sich seinen vorübergehenden Zustand der Bewunderung zunutze, um ihn zu packen und in den See zu werfen, aber er nickte immer noch und saß im Wasser, und Fische sprangen aus seinem viel zu weiten Kragen, und er sagte: »Och, doch, es läßt sich nicht bestreiten.« Aber

die übrige Edenborough Revue wurde sehr ärgerlich und zog die Dichter an den Haaren und warf sie in den See, damit sie Tommy Carlyle Gesellschaft leisten konnten. Der dicke Dichter war der erste, der bei diesem erneut vorgetragenen Angriff ins Wasser fiel, und dort lag er nun und schrie:

«Jetzt verstehe ich. *Sein fließendes Haar.* Ich habe mich immer gefragt, was es wohl bedeutet, als ich es hinschrieb, aber jetzt weiß ich es.«

Edgar, von all dem unschicklichen Geschehen angewidert, ging zurück zum Lieferwagen, in welchem düster brütend der Chauffeur am Steuer saß. Das Katzentier schlief friedlich im Fonds des Wagens, aber es wachte ziemlich böse auf, als sich Edgar näherte, und sagte, recht gehässig, nach Katzenart: »Wenn du gekommen bist, um den geräucherten Schellfisch zu stehlen, dann machst du einen Denkfehler, mein Kleiner. Ich werde dich nämlich mit Nachdruck und mit meinen Krallen kratzen; also Vorsicht.« Dann schlief es wieder ein, und der Fahrer sagte:

»Immer dasselbe. Immer immer immer. Ich hätte nicht übel Lust, den ganzen Kram hinzuschmeißen und wieder das zu machen, was ich vorher gemacht habe.«

»Und was war das?« fragte Edgar höflich.

»Du mußt nämlich wissen«, sagte der Fahrer und schenkte seiner Frage keine Beachtung, »daß sie diese Schachtel mit geräuchertem Schellfisch nun schon länger mit sich herumschleppen, als ich mich nicht erinnern kann. Warum sie die Schachtel nun nicht mal aufmachen und das Zeug essen —: Das ist mehr, als ich nicht verstehen kann. Nichts schmeckt mir besser als eine schöne Portion gedünsteter Schellfisch mit ein paar schönen verlorenen Eiern drüber. Aber das ist meine ganz persönliche Ansicht – und ich würde dich bitten, sie nicht allzu laut hinauszuposaunen –, daß sie die Schachtel immer mit sich herumschleppen, damit die Katze was zu tun hat. Die Schachtel beschützen, verstehst du. Lächerlich.«

»Und was haben Sie vorher gemacht?« fragte Edgar geduldig.

»Ich bin von Schule zu Schule gezogen«, seufzte der Fahrer. »Habe dafür gesorgt, daß jeder was Anständiges lehrte und daß die Kinder was Anständiges lernten, sozusagen. Aber sie haben mich gar nicht zur Kenntnis genommen, wenn ich sie korrigierte. Man würde es nicht mal kaum glauben, was den Kindern da beigebracht wurde.«

»Was denn zum Beispiel?« fragte Edgar.

»Nun, dieser William Shakepaw[1] hat zum Beispiel nicht den *Hund von Venedig* geschrieben. Und *Mud, Simmer Knight's Cream*[2] hat er auch nicht geschrieben. Dabei war diese Rittersahne ausgesprochen gut, nur in den besten Molkereien erhältlich, und sie mußte gesimmert (oder geköchelt) werden, um richtig zu schmecken, und Matsch machte das so gut wie kein anderer.«

»Was für ein Matsch[3]?« fragte Edgar.

Der Fahrer grinste spöttisch. »Ich habe nur von einem einzigen Mud nie gehört«, sagte er, »der das so richtig konnte, und das war Albert Mud, ein richtig guter Koch und der langsamste Köchler, den es je gegeben hat.«

»Sehen Sie mal«, sagte Edgar. »Ich glaube, ich steige aus und gehe, wenn Sie nichts dagegen haben.« Denn er hatte all diese Dummheiten allmählich schrecklich satt. Er hätte es sogar vorgezogen, im Klassenzimmer zu gähnen und sich etwas über die gräßlichen angelsächsischen Könige anzuhören.

»Mach doch, was du willst«, sagte der Fahrer eingeschnappt. »Der ganze Mumpitz, der sich dort unten bei den Wassern abspielt, dürfte nun auch bald vorbei sein, und dann kommen sie alle geradewegs hier herein und machen alles naß. Dann geht es wieder weiter. Was er außerdem nicht geschrieben haben soll, ist *Hall's well that End – Swell.*[4] Das war ein allerliebstes Stück. Ein amerikanischer Gentleman kommt hierher und sucht einen gewissen Sir Peregrine Hall, so heißt der Mann nämlich. Als er dahin kommt, wo der Mann wohnt, sagen ihm die Leute, daß es Hall doch ganz prima geht, und dieser amerikanische Gentleman sagt, na, das ist ja schön, und fährt wieder über den großen Teich.

»Ist das die ganze Geschichte?« fragte Edgar so fasziniert wie angewidert.

»Wieso?« lachte der Fahrer, als wäre er über Edgars Dummheit erstaunt. »Verlangst du denn noch mehr? Die ganze Geschichte ist fast zwölfhundert Seiten lang. Das war der Inhalt von dem, was unterwegs passiert und was dann später noch kommt. Aber wenn du

---

1 *Wilhelm Schütteldiepfote; muß natürlich Shakespeare heißen.*
(Anmerkung des Übersetzers)
2 Matsch, köchel Rittersahne! *Der Autor meint wahrscheinlich, daß ein Herr namens Matsch eine ganz bestimmte Sahne namens Rittersahne so lange köcheln (oder simmern) lassen soll, bis sie ganz »durch« ist. Ebenso köstliches wie unübersetzbares Wortspiel für »Ein Sommerlochstraum«. (Anm. d. Übers.)*
3 Siehe Anmerkung 2
4 Hall geht es hier unten doch ganz gut, sogar ausgesprochen gut. *Ebenso kostspieliges wie unersetzbares Wortspiel für:* Hände tut, alles tut. *(Ü.)*

genauso wie die andern bist, ist es am besten, wenn du aus meinem Lieferwagen aussteigst und allein deiner Wege gehst.«

»Aber genau«, sagte die Katze ohne aufzuwachen. »Ich mache mir nämlich gar nichts daraus, wenn hier Diebe herumsitzen.«

Also stieg Edgar aus und sah noch, wie die Edenborough Revue aus dem Wasser kroch und wie die Dichter an einem etwas weiter entfernten Ort herumtanzten. Die Truppe war völlig durchnäßt, und Edgar gefiel die Vorstellung überhaupt nicht, neben ihnen sitzen zu müssen. So eilte er denn die Straße entlang und hoffte, Edenborough bald zu erreichen. Er wollte rechtzeitig zum Tee zu Hause sein.

4. Kapitel

Ebenfalls die Straße
nach Edenborough

Armer Edgar! Er brauchte *so* viel Zeit, um nach Edenborough zu gelangen. Und armer Leser! Denn ich bin sicher, daß Du inzwischen genauso dringend allmählich mal in Edenborough eintreffen möchtest wie Edgar. Aber wenn Du nur wüßtest (und nur allzu bald wirst Du es wissen), was Edgar in Edenborough erwartete, dann würdest Du seine Ankunft dort genauso gern noch verschieben wie ich.

Was Edgar nämlich nun geschah, war, daß ihn ein paar seltsam aussehende blaue Blumen interessierten, die in einem Büschel am Straßenrand (auf der linken Seite, falls Du das wissen willst) wuchsen. Diese Blumen schienen in hohem Tempo und in einem Englisch von sehr hoher Stimmlage zu schwatzen, und Edgar mußte ganz nah rangehen, um zu hören, was sie sagten. Außerdem wollte er natürlich sehen, woher die Laute kamen, denn Blumen, obwohl sie manchmal wie Gesichter aussehen, haben keinen Mund. Die Laute selbst schienen Edgar nicht übermäßig viel Sinn zu haben, und er fragte sich, warum ausgerechnet Blumen bei solchen Themen so erregt und redselig werden können:

»... es war König Nidhud, der ihm das befohlen hat. Er mußte seinem eigenen armen Sohn einen Apfel auf den Kopf legen und den Apfel dann mit einem Pfeil durchbohren. Egil –: so hieß der Mann.«

»Du meinst doch Wilhelm Tell, du Dummchen.«

»Egil. Egil. So hieß er nämlich. Er war der Bruder von Wayland Smith. Frag doch Mr Honeythunder. Oder dann Mr Grewgious. Die werden dir alles darüber sagen.«

Edgar rückte immer näher, und dann gab zu seinem Schock und Schrecken der Boden unter ihm nach. Er war nämlich naturgemäß auf ein Stück Wiese getreten, das eine tiefe Grube bedeckt hatte. Nun fiel er in diese tiefe Grube; es war eine trockene Grube, und das erwies sich als ein wahrer Segen, aber es war ihm unmöglich hinauszuklettern. Die Wände der Grube waren aus glattem Lehm, und er konnte nirgends Halt finden. Also tat er das einzige, was er tun konnte, und das war, um Hilfe zu rufen. »Hilfe! Hilfe!« schrie er. Die Blumen schienen ihn nicht zu hören.

». . . stellt sich die Frage, ob wir einen freien Willen haben oder ob alles vorbestimmt ist. Du solltest mal Jonathan Edwards lesen; der war Missionar bei den Roten Indern, den sogenannten Indianern.«

». . . Boxen gefällt mir besser, obwohl man es hier kaum zu sehen bekommt. Es wird gern als die sanfte Kunst des Faustkampfes bezeichnet.«

». . . Egil, Egil, so ein Quatsch. Du denkst an Wilhelm Tell. Er war Schweizer.«

Edgar war sehr verärgert über die Blumen. Glücklicherweise war er nicht verletzt, nur ein bißchen angeschlagen, und der Boden der Grube war mit Moos bewachsen. Aber er wollte nicht für alle Zeiten dort bleiben, und deshalb schrie er weiter: »Hilfe! Hilfe!«

». . . oder zum Beispiel Philippe, den Herzog von Orléans. Er hat sich einen neuen Namen gegeben,

Egalité – Gleichheit, irgendwie ein blöder Name –, und trotzdem wurde er einen Kopf kürzer gemacht.«

»Daraus sollten Sie ein kleines Gedicht machen. Gleichheit preisen die Gestirne, und doch verlor er seine Birne.«

»Von einer Birne war überhaupt nicht die Rede, du Dummchen.«

Edgar rief immer noch um Hilfe und wurde immer noch von den Blumen ignoriert, aber bald bemerkte er, daß etwas Schweres auf seinem Brustkorb saß. Im düsteren Licht der tiefen Grube konnte er nicht viel sehen, aber er hatte das sichere Gefühl, daß dort eine große Schildkröte saß. Er hob die Hand, um sich Gewißheit zu verschaffen, und genau: Dort war ein riesiger, harter Panzer, und ein runzliger Echsenkopf spähte unter dem Panzer hervor. Die Schildkröte sagte:

»Möchtest du, daß ich gehe und Hilfe hole?«

»Oh, ja, bitte«, sagte Edgar, aber dann überlegte er, daß eine Schildkröte sehr lange brauchen würde, um, was es auch sei, zu holen. Dieser Zweifel mußte sich der Schildkröte übermittelt haben, und sie sagte:

»Meinst du, das dauert bei mir zu lange, stimmt's? Glaub das bloß nicht. Von hier nach Edenborough ist es weniger als eine Meile, und ich stelle mir vor, ich könnte ganz leicht bis Weihnachten nächsten Jahres dort und wieder zurück sein. Meiner Ansicht nach gar kein übles Tempo.«

Edgar stöhnte. Er sagte: »Ich habe aber nicht soviel Zeit. Ich würde doch glatt verhungern, während ich hier herumliege und warte.«

»Ach, das liegt nur daran, daß du eine verkehrte Vorstellung von Zeit hast. Du lebst einfach nicht lang genug; das ist dein Problem. Wir Schildkröten dagegen leben hundert Jahre wie nichts. Wie Papageien, weißt du. Nicht, daß ich viel von Papageien hielte. Sie können gar nicht richtig sprechen, sie imitieren nur. *Lora! Lora!* und dieser ganze Unsinn. *Kratz Lora mal am Kopf arrrrrrgh.* Lachhaft.«

»Tja, also«, seufzte Edgar, »wenn Sie mir helfen wollen, machen Sie sich vielleicht mal auf den Weg.«

»Das ist die falsche Einstellung. Jede Menge Zeit für einen kleinen Schwatz und ein paar Erinnerungen aus einem langen, langen Leben. Habe ich dir je vom zweiten König von Rom – Numa war sein Name – erzählt? Seine Frau war eine Art Quelle namens Egeria.«

»Nein«, sagte Edgar geduldig, »davon haben Sie mir noch nie erzählt. Wir sehen uns heute zum erstenmal. Und ich freue mich wirklich darauf, daß Sie mir davon erzählen, aber nicht jetzt. Bitte nicht jetzt. Ich möchte hier raus.«

Bevor die Schildkröte etwas Beleidigtes erwidern konnte, hörte Edgar zu seiner Freude dort oben auf der Straße menschliche Stimmen. Zuerst sprach eine Dame:

»Oh, Willoughby, Willoughby, wie schlau doch diese Blümchen sind. Hören Sie nur, wie sie drauflosplappern.«

»Humbug, meine liebe Laetitia. Was sie sagen, ist kaum des Zuhörens wert. Kein einziger originärer Gedanke in einer Wagenladung voll abgefallener Blütenblätter.«

»Hilfe! Hilfe!« rief Edgar. »Ich bin in die Grube gefallen.«

»Dies zum Beispiel«, sagte die Stimme des Mannes, »ist einfach verlogene Dummheit. Blumen fallen nicht in Gruben. Oder wenn sie es doch tun, dann stimmen sie nicht ein solches Geschrei darüber an. Es ist ein ganz normales Risiko für Blumen, würde ich sagen, in Gruben zu fallen.«

Die Schildkröte sagte: »Was weiß der denn schon«, und die Dame sagte: »Ach, mein lieber Willoughby, Sie haben ja *so* recht.«

»Ich habe nie unrecht, meine liebe Laetitia«, erwiderte der Mann, und Edgar rief: »Hilfe! Hilfe! Ich bin ein Junge, der hier reingefallen ist. Ich heiße Edgar. Helfen Sie mir, bitte, helfen Sie mir!«

»Ach«, ertönte die Stimme des Mannes, »ein Junge, soso. Ich mache mir nicht viel aus Jungen. Nicht ehrfürchtig genug. Keine Achtung gegenüber Respektspersonen. Soll er doch in seinem eigenen Saft schmoren.«

»Oh, Willoughby, nein! Das wäre zu grausam!«

»Meinen Sie? Na, schön. Der junge Crossjay kann sich vielleicht mal hinüberbemühen.« Und er rief: »Crossjay, können Sie sich vielleicht mal hinüberbemühen?« Dann sagte er: »Was ich eben sagte, war wohl kaum treffend, meine liebe Laetitia. In seinem eigenen Saft schmoren —: Nein, das kann man wohl kaum sagen. In seiner eigenen Grube verkommen —: Das ist doch gleich viel besser, oder? Oder?«

Aber jetzt sah Edgar ein vergnügtes junges rundes Gesicht, das zu ihm heruntersah. Dies war Crossjay, vermutete Edgar. »Ah«, lächelte Crossjay, der es war, wie Edgar vermutet hatte, »du hast eine Schildkröte auf dir. Das ist gut, das ist sehr gut. Ich hege ebenfalls eine große Vorliebe für Schildkröten. Wie heißt du, alter Junge?«

»Edgar«, erwiderte Edgar.

»Nein, nein, ich meinte die Schildkröte. Och, ist sie eingeschnappt?« Denn jetzt kroch die Schildkröte davon. Zu Edgar sagte sie: »Ich kann keine Vertraulichkeiten vertragen. Ich bin alt genug, um der Ur-Ur-Großvater dieses Bürschchens zu sein. Na, bis später, irgendwann, vermutlich. Ich war dir gern behilflich.« Und dann ging sie fort.

»Gib mir deine Hände«, sagte Crossjay zu Edgar. »Der alte Durdles hält mich an den Fußknöcheln fest.« Und so wurde Edgar hochgezogen. Er war sehr froh, das Tageslicht wieder zu sehen und die Straße unter den Füßen zu spüren. Der Mann namens Durdles war sehr alt und kahl und schien mit Steinstaub bedeckt zu sein. Er sagte zu Edgar:

»Jeder nach seinem Geschmack, nehme ich an. Aber wenn du gern unter der Erde liegst, so habe ich ein paar sehr nette frischgegrabene Gräber dort drüben auf dem Friedhof, und einen bildhübschen Grabstein mache ich dir für einen Spottpreis. Sogar mit Cherubim drauf.«

Die Dame namens Laetitia war lang und dünn, aber der Mann namens Willoughby war sogar noch dünner und noch länger, und er hatte etwas auf dem Gesicht, was wie ein immerwährendes Hohnlächeln aussah. »Bevor wir fortfahren«, sagte er hochnäsig zu Edgar, »möchte ich dich davon in Kenntnis setzen, daß man mich als *Sir* Willoughby anzusprechen hat.« Er hatte einen sehr hohen grauen Hut auf.

»Nun«, sagte Edgar, »so dankbar ich Ihnen auch für Ihre Hilfe bin, so wenig nehme ich an, daß die Gelegenheit, Sie irgendwie zu nennen, sich nennenswert in die Länge ziehen wird, da ich auf dem Weg nach Edenborough und sehr in Eile bin. Lassen Sie mich also nochmals in aller Form meinen Dank aussprechen, und nehmen Sie meine besten Wünsche zum Abschied entgegen.«

»Oh«, sagte Laetitia, »er spricht ja wie ein Gentleman. Sie müssen Ihr neues Gedicht an ihm erproben, Willoughby.« Und es schien Edgar, als sei sie sehr stolz darauf, ihn nicht *Sir* Willoughby nennen zu müssen. Daß sie nicht seine Frau war, stand für Edgar fest. Ihre Kleidung war ärmlich und voller geflickter Risse, wohingegen er wie ein Geck gekleidet war. Sir Willoughby sagte mit gelangweilter Stimme:

»So? Na schön. An den Erleuchteten ist's, das Licht zu verbreiten, stimmt's? Na? Ganz gut, nicht? Was? Oder?« Unterdessen hatte Crossjay sich ständig bemüht, einen Apfel zu schälen, den er aus seiner Hosentasche hervorgeholt hatte, wobei er ein sehr stumpfes Messer benutzte und leise gutgelaunt in sich hineinmurmelte. »Hier ist es also«, sagte Sir Willoughby und warf sich in Positur wie ein Schauspieler:

> *»Ich kannte einst zwei Eliots,*
> *So gut mit Worten, Punkten, Kommas.*
> *Sie fingen schon als kleiner Dotz*
> *Mit Schreiben an: George erst, dann Thomas.*
> *Nun war der eine, Name hin*
> *Und Name her, kein Mann, er war*
> *Ein Fräulein, Schande, und ich bin*
> *Mir darob, wer nun welches war,*
> *So überhaupt nicht klar.*
> *Ich unterscheide meisterlich*

73

Bei Weinen die Kreszenz,
Mit 52 (!) Karten ich
Bei Whist-Partien glänz'.
Als Wetterkundler hab' ich Vorrang;
Bei Bootsregatten kenn' ich jeden
Mit Namen; Pinseläffchen, Orang –,
Das weiß ich alles. Lange Reden
Von Apfeltorten, Kirschkompotts;
Doch Wer ist Was bei Eliots?«

Bevor die Dame namens Laetitia in die Hände klatschen und sagen konnte, wie wunderbar es war, oder bevor Edgar etwas höflich Bewunderndes murmeln konnte, hielt Sir Willoughby ernst die rechte Hand hoch und sagte:

»Du mußt verstehen, daß ich in Wirklichkeit natürlich weiß, welcher welcher war, aber hin und wieder ist es vernünftig, so zu tun, als wisse man nicht alles. Sonst halten einen die Leute für hochnäsig. Daher«, sagte er, »das Gedicht.«

»Zu viele Worte«, grummelte Durdles. »Es wäre eine Heidenarbeit, all diese Worte in einen Grabstein zu hauen. Aber trotzdem: Jeder nach seinem Geschmack, nehme ich an.«

»Der Witz ist nämlich«, wiederholte Sir Willoughby, »daß ich in Wirklichkeit weiß, welcher welcher ist. Das war alles dichterische Freiheit.«

»Endlich geschafft!« schrie der kleine Crossjay und hielt seinen geschälten Apfel in die Höhe. »Ich dachte schon, ich werde nie damit fertig. Na, denn.« Und er warf den Apfel weg, fort ins hohe Gras. Er lächelte Edgar an und sagte: »Ich kann den Geschmack nicht ausstehen. Nur das Schälen macht mir Spaß.«

»Nochmals vielen Dank«, sagte Edgar. »Und jetzt muß ich wirklich los.« Und er verbeugte sich auf sehr altmodische und vornehme Weise, so daß Laetitia kicherte und sagte:

»So ein höflicher kleiner Junge.«

»Ich weiß, welcher welcher ist«, sagte Sir Willoughby laut und ungehalten.

»Also«, sagte Edgar, »allen noch einen schönen und erfolgreichen Tag.«

»Ich habe ein kleines Grab, gerade richtig für dich«, sagte Durdles. »In sechs Monaten wäre es schon nicht mehr das Wahre, weil Jungens so schnell wachsen, aber jetzt wäre es ganz toll. Komm mit und sieh es dir an.«

»Ich weiß es nämlich, ich weiß es nämlich wirklich!«

»Natürlich wissen Sie es, mein lieber Willoughby.«

»Dauert keine Minute, die Besichtigung«, sagte Durdles. Edgar begann zu laufen. Er lief und lief und lief um eine Ecke herum. Er konnte immer noch hören, wie Sir Willoughby ungehalten rief:

»Ich weiß es, ich weiß es, ich weiß es nämlich wirklich!«

Aber bald konnte er nichts mehr hören, und all seine Aufmerksamkeit wurde von der großartigen Stadt Edenborough in Anspruch genommen, die sich unter ihm im späten Nachmittagssonnenschein ausstreckte. Er stand auf einem Hügel, und dort unten war ein fein bewaldetes Tal mit einem silbernen Fluß, der sich durch das Tal wand wie eine ungeheure Schlange, und beim Fluß, der viele Brücken hatte, stand die Stadt mit ihren glänzenden Kuppeln. »Edenborough«, atmete Edgar vor sich hin, und eine kleine Stimme in seiner Nähe wiederholte den Namen in einem Tonfall des Ekels.

»Edenborough«, sagte sie. »Pah!« Edgar sah hinunter und erblickte einen kleinen grauen Mann, der ganz in Grau gekleidet war und sich auf einen gebogenen Stock stützte. »Und wie«, sagte der kleine Mann stirnrun-

zelnd, »würde dein Name lauten, falls du, und ich würde das eher für unwahrscheinlich halten, einen hast? Los doch, antworte.«

»Edgar, und wie heißen Sie?«

»Dreimal darfst du raten«, sagte der kleine Mann. Edgar brauchte nur einmal. Er sagte:

»Grau?«

»Kommt drauf an, wie du's buchstabierst. Mit *H* nein. Ohne *H* ja. Grau.«

»Sie scheinen«, sagte Edgar, »eine sehr niedrige Meinung von dieser großartigen Stadt zu haben, die dort vor uns in dem Tal ausgebreitet liegt.«

»Das kann man wohl sagen«, sagte Herr Grau. »Ich habe ein Gedicht darüber geschrieben. Hör zu.«

Fast jeder, den Edgar heute getroffen hatte, schien ein Gedicht zum Aufsagen zu haben; trotzdem verbarg

er einen Seufzer und lieh dem Mann höflich sein Ohr.
Der kleine Mann rezitierte verbittert:

> *»Auf hohen Hacken hüllt das Bein ein Schottenrock als Hose;*
> *So stiert und pliert und giert man nach Passanten.*
> *Auf harte Eier streut man weichen Zucker aus der Dose,*
> *Verschmäht die Scheibe Brot und ißt nur trockene Kanten.*
>
> *Sie würzen Hering mit Vanillesauce*
> *Und knabbern knurrend an gehacktem Knor-*
> *Pel. Sie trinken kalte Suppe, finden das famos*
> *Und pfeifen ständig vor sich hin, yes, Sorr.*

Sehr schwierig«, sagte Herr Grau, »einen Reim auf
Knorpel zu finden. Aber jetzt kommt die wichtige Stelle.
Hör genau zu −:

> *Musik ist für sie laut, bei jeder Feier.*
> *Sie spielen so ein Spiel, mit Ball und Stock und Aus.*
> *Die eig'nen Kinder geben sie dem Ungeheuer*
> *Und der Mama zum Fraß. Und machen sich nichts draus.«*

»Was soll das alles mit einem Ungeheuer und einer
Mama?« sagte Edgar, der nicht richtig hören konnte,
weil Herr Grau diese letzte Strophe mit ziemlich ge-
dämpfter Stimme rezitiert hatte.

»Mama? Das ist natürlich seine Mutter«, sagte Herr
Grau. »Aber das wirst du noch früh genug zu sehen
kriegen. Jetzt unterbrich nicht immer. Ich komme zur
letzten Strophe, und da wird alles nochmal zusammen-
gefaßt. Hör zu:

> *Ein alter Mann verhexte die Gelenke.*
> *Aus Holz und Eisen wartet schon ein dunkler Sarg.*
> *Oh, daß ein jeder doch in seinen Schragen sänke!*
> *Verfüttern würd' ich ihn ans Putenvolk im Park.«*

Er nickte bitter ernst und sagte: »Ich glaube nicht, daß das auch nur im mindesten zu weit geht. Du wirst es zu sehen kriegen, wenn du hinkommst.« Dann humpelte er, sich von der Stadt entfernend, davon, wobei er sich auf seinen Stock stützte und leise murmelte. Edgar, mit Freude und Hoffnung im Herzen, machte sich hügelab auf den Weg nach Edenborough. Dieses Gedicht war der reinste Schwachsinn gewesen, sonst nichts.

5. KAPITEL

E und D und G und A

Ach, Edenborough! Es schien so eine herrliche Stadt zu sein. Edgar ging entzückt durch die wohlgestalten Straßen, doch die ganze Zeit suchte er einen Rückweg zum Klassenzimmer und dann nach Hause zum Tee (inzwischen mußte der Unterricht ja wohl beendet sein). Er fragte viele der reizenden Polizisten, die er lächelnd durch die baumbestandenen Avenuen und schimmernden Einkaufsstraßen patrouillieren sah: »Wie komme ich zurück?« Und fast alle sagten:

»Warte bis vier, Kleiner.«

Die Stadt schien nicht nur voller ansässiger Edenborougher zu sein, sondern auch voller Leute aus fernen Ländern wie Brasilien, Jamaika, Honduras, Süd-Afrika, Rot-China, Blau-China und Weiß-China. Touristen, sagte sich Edgar. Sie alle hatten Reiseführer und Kameras, und sie blätterten und knipsten, denn es gab viel zu sehen und nachzulesen und festzuhalten. Einiges sei hier aufgezählt:

Das Box-Museum mit Lebenden Mustern des Alten und des Modernen Faustkampfs.

Die Mechanische Statue von Pierce Egan, dem Autor von über Zwanzigtausend Piècen aus dem Bereich der Billigen Literatur.

Ein funktionierendes Modell von Egdon Heath.

Das Turnier von Eglinton mit Kämpfenden Rittern und Feuerspeienden Feurigen Hengsten sowie anfeuernden Zurufen lieblicher Damen.

Egüptische Diebe in Sicheren Käfigen.

Eidothea, Tochter des Meisters von einer Million und Einer Verkleidung.

Ein Eistedfodd der Barden; Gesang und Vortrag in Echtem Walisisch.

El Dorado, die Stadt aus Gold, en miniature, aber bis ins kleinste Détail komplett, einschließlich des Goldkönigs, ebenfalls en miniature, ihres Herrschers.

Der Kunstmaler Domenico Theotocopuli, malt Besucher an Ort und Stelle in Leuchtenden Farben und Verzerrten Formen, aber Sehr Billig und Bemerkenswert Schnell.

Kaiser Heliogabalus, wie Er Wütet und Kreischt.

Elaine le Blank, Ein Hübsches Mädchen, aber Nicht Sehr Schlau. Sogar Ziemlich Blöd.

Electra und Ihre Zehntausend Farbigen Electrischen Lampen.

Der Elephant im Mond.

In Kleine Grüne Jacken gekleidete Echte Elfen, Welche die Kinder Stehlen und die Albträume Bewirken, Aber Alle Hinter Schloß und Riegel und Unfähig, Irgend Böses zu Tun, Ha Ha.

Das Spiel um Elias in Vier Aufzügen: (I) Er Wird von Raben am Bache Kerith Gespeist (II) Er Erweckt den Toten Sohn der Witwe von Zarephat (III) Er Widerlegt die Propheten des Baal (IV) Er Fährt in einem Wagen von Feuer Gen Himmel.

Elisäus Wird von Kindern Verspottet, welche sogleich Überaus Grausam, Aber Gerecht von Großen Braunen und Schwarzen Bären Vernichtet Werden. Ein Musikalisches Spiel mit Neuen und Originalen Liedern und Tänzen.

Elisabeth und Ihr Deutscher Garten.

St.-Elms-Feuer, Es ist Dies die Kugel aus Licht, die Man Häufig an Mast und Nock von Schiffen bei Stürmen auf See Gewahr Wird. Auch Corposant' Genannt.

Eine Stündliche Lesung von Ralph Waldo Emerson, Sehr Gelehrtem und Hoch Interessantem Amerikanischem Herrn, Eigens Herbeigereist aus Boston (Mass.).

Die Geschichte von der Hexe von Endor, Starke Furcht Erregend, Erzählt von Sir Endymion Latmos.

ENGLAND ERWARTET, DASS JEDERMANN SEINE PFLICHT TUT, berümtes Signal von Lord Nelson in der Schlacht von Trafalgar: sechs leichte Lektionen zum Erlernen der Übermittlung *Dieser Wichtigen Botschaft,* mit Vielen Flaggen.

Lady Quintessence Wird Geruhen, Sich die Hand Küssen zu Lassen auf Ihrem Allen Besuchern (gegen eine Gebühr) Offenen Schloß Entelechie.

Etc Etc Etc Etc Etc.

Hoch über der Hauptstraße der Stadt war eine große Uhr, und um Punkt vier Uhr begann sie zu schlagen und eine entzückende Melodie zu spielen, die Edgar vorkam wie *Pop, goes the weasel* verkehrtrum. Und als die Melodie sich ausgeklimpert hatte, sah Edgar mit Interesse, wie sich Menschenmengen auf einen Platz zubewegten, den Straßenschilder als Walkinshaw Square auswiesen. Einige Menschen, so sah er mit Neugier, hatten keine Lust, dorthin zu gehen, aber die reizende Polizei trieb sie lächelnd zusammen und machte dabei das Geräusch, das Reiter bei ihren Pferden machen. Edgar näherte sich höflich einem großen, dicken Polizeiobermeister, ganz in Blau und in Silber und Gold, und sagte:

»Wie komme ich zurück?«

»Nach vorne geht's zurück«, sagte der Polizist. »Geh mit diesen Leuten auf den Platz da vorne. Paß gut auf. Hörst du die Kapelle spielen? Geh hin, und schon ist alles in Butter.« Er lächelte freundlich, dann schubste er Edgar ziemlich rüde und rücksichtslos in die dahinziehende Menge. Ein Mann in seiner Nähe sagte:

»Dich lassen sie also auch dahin gehen? Ich kann dazu nur sagen: Ich wäre lieber alt und zäh, und das bin ich ja auch, als jung und zart wie du. Aber es hängt schließlich alles von der Melodie ab, die sie spielen, stimmt's?«

»Ich weiß nicht«, sagte Edgar. »Ich war noch nie hier.«

»Und du kommst auch nie wieder hierher, wenn du einigermaßen einen halben Zentimeter Verstand in deinem jungen Schädel hast«, sagte eine dicke alte Frau mit pfeifendem Atem.

Dann dachte Edgar an Herrn Grau und sein Gedicht, und ein Schaudern lief ihm das Rückenmark hinunter. Irgendwas stimmte an Edenborough nicht. Irgendwas war an den Schildern über den Läden ganz eindeutig verkehrt: UHREN UND STANDUHREN AUS SCHOKOLADE VON T. MOORE – DOKTOR HALLSTEIN: DAS FACHGESCHÄFT FÜR SCHMERZEN UND ERKÄLTUNGEN – HEILUNG FÜR IHREN HUSTEN: EPIGO – LEBENDIGE ZUCKERMÄUSE NUR VON EPIDAURUS. Er sagte zu dem Mann, der neben ihm stand:

»Was werden sie mit uns tun?«

»Das merkst du schon noch. Das ist alles für den Tourismus. Die Touristen kommen her und geben Geld aus. Ich finde das Ganze eine Schande.«

»Wollen Sie das Geld denn nicht?« fragte Edgar.

»Geld ist nicht alles«, sagte der Mann. »Was ich auf der ganzen Welt am liebsten mag, ist ein schöner Diadochenbraten.«

»Ein was?«

»Diadoch, Diadoch, hast du noch nie von einem Diadochen gehört? Aber sowas kann man nicht für alles Geld der Welt kaufen. Was soll mir also ihr dreckiges Geld, kann ich da nur sagen. Ah, da sind wir ja.«

Der Platz war voller Menschen. Um den Platz herum standen Häuser, und alle hatten Namen: LITTLE ERIC; TECHTEL & MECHTEL; ER; ERNEST MALTRAVERS; A.E. OEXMELIN; ESTHER WASSER (EINFACH UND MIT SPRUDEL), und aus den Fenstern sahen viele Leute (Touristen?) heraus, die mit Kameras in die Sonne knipsten. Im Zentrum des Platzes, der die Form eines Kreises hatte, stand eine schöne große Statue mit einem Mann zu Pferde obendrauf, und diese Statue schien sich, mit vielem Schütteln und Nicken des mechanischen Kopfes, mit einem Mann zu unterhalten, der ein Clownskostüm trug (war er ein Mitglied der Edenborough Revue?). Es gab eine große Kapelle auf einem Musikpodium, die von einem unheimlich großen und dünnen Mann mit Militäruniform und Handschuhen von blendendem Weiß dirigiert wurde, und im Augenblick spielte die Kapelle etwas Sanftes und eher Träumerisches. Dann, ohne Warnung, ging sie in einen sehr wilden, lauten Akkord über, die Becken prallten gegeneinander, und der Clown sprang mehrmals in die Luft. Dann lief er, mit viel komischem Gestolper, zu einer Bank voller Mikrophone, die alle Namen hatten – TUC, TOP, HOW, UPP, YOU, QZXERVK –, und schrie, und seine Stimme dröhnte aus Lautsprechern über den ganzen Platz:

»Sie alle wissen, warum wir uns in diesem herrlichen Wühling, oder ist es Schmerbst, oder Nachstück, hier versammelt haben, und wir wollen keine weitere Zeit verlieren, nein, Zeit schon gar nicht, auf gar keinen Fall wollen wir das, meine Freunde, nicht einmal meine Schwiegermutter, die ich dort unten, huhu, sehe, will das. Also weiter im Text.« Er machte dem Dirigenten gegenüber eine weit ausholende Dirigier-Gebärde, und der Dirigent machte der Kapelle gegenüber eine weit ausholende Dirigier-Gebärde, und dann spielte die gesamte Kapelle nur eine einzige Note. Diese:

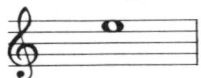

Eine sehr alte Dame, die direkt vor Edgar stand, sagte: »Was war das? Ich hab's nicht gehört, ich bin taub wie ein Laternenpfahl.« Und viele Leute sagten: »E. E. Das war's, ein E. Die Note E.«

»Ach, dann geht's ja«, sagte sie. »Ich heiße Doreen; da brauche ich also nicht hierzubleiben.« Und sie ging fort, und viele andere gingen mit ihr. Edgar verstand das nicht. Er sagte zu einem kleinen dicken Mann, der etwas kaute, was aussah wie lange schwarze Schnürsenkel:

»Ich verstehe nicht, was das soll.«

»Dabei ist es ganz einfach«, sagte der Mann und kaute. »Die, deren Namen nicht mit E anfangen, gehen einfach weg. Hauen einfach ab. Ich, ich heiße Edward, also bleibe ich da. Hör zu.« Denn die Kapelle hatte wieder zu spielen begonnen. Diesmal spielte sie zwei Noten:

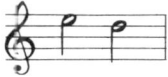

»Und das bedeutet, daß ich hierbleibe«, sagte der Mann.
»Ein E und ein D, und ich heiße Edward. Wie heißt du
denn, mein Kleiner?« Edgar sagte es ihm. »Dann
bleibst du auch.« Und nun spielte die Kapelle drei
Noten. Der Platz leerte sich schnell, und die Leute, die
den Platz verließen, lächelten vor Erleichterung. Die
drei Noten waren:

»Ein E und ein D und ein G«, sagte der kauende Mann.
»Damit bin ich draußen, weil ich ja Edward heiße, und
das ist ein E und ein D und ein W. Wie war nochmal
dein Name?« Edgar sagte es ihm nochmal. »Tja, das ist
ein E und ein D und ein G, genau was sie gerade
gespielt haben. Lebewohl und viel, viel Glück.« Er
ging, und die Schnürsenkel, die er kaute (wahrscheinlich Lakritze) hingen ihm aus dem Mund und wehten
im Wind. Inzwischen war der Platz fast leer, aber die
Touristen knipsten immer noch mit ihren Kameras.
Edgar rief einem jungen Mann, der etwa hundert Meter
entfernt stand, zu:
    »Wie heißen Sie, Sir?«
    »Ich?« sagte der junge Mann. »Edgbaston heiße ich.
Und der da drüben – ich kenne ihn gut, weil wir in
derselben Schweinshaxenkneipe essen, in der Eusebius
Street; da bekommt man noch was für sein Geld – der
da drüben heißt Edgeware. Edgeware Thackerwood,
ein ziemlicher Zungenbrecher. Seine Eltern sind immer
so gern Bus gefahren, weißt du. Ah, jetzt werden wir

es gleich erfahren, jetzt wissen wir gleich Bescheid.«
Denn der Dirigent hatte seinen Stab erhoben, und die
Kapelle spielte, wobei unten die Trommeln wirbelten,
scheppernd:

»Damit bin ich draußen, aber einwandfrei«, sagte der
Mann namens Edgbaston. »Und der gute, alte Edgeware ebenfalls. »Edgy!« rief er. Der Mann namens
Edgeware Thackerwood las düster in einem alten Stück
Zeitung. Er sah stark wie Mr Gladstone von der Edenborough Revue aus. Er blickte um sich, als er gerufen
wurde, nickte, ging davon, und Edgbaston folgte ihm.
Alle gingen weg, so daß Edgar dachte, er könne nun
auch weggehen. Aber der Clown hüpfte auf ihn zu und
schrie:
   »Hast du die Musik nicht gehört? E und D und G
und A. Du siehst aus wie ein junger Bursch, der bestens
dort hineinpaßt. Wie heißt du denn?« Edgar sagte es
ihm. Sofort tönte der Clown es in die Welt hinaus, es
erklangen laute Hochrufe, und die Kapelle begann,
»Heil sei dem Tag, an dem du hier bei uns erschie-hie-
nen (tideldum tideldum tideldum)« zu spielen. Der
Clown schrie: »Edgar! Edgar!« und die Zuschauer am
Rande des Platzes und die Touristen mit ihren Kameras
in den Fenstern schlossen sich mit dem Ruf »Edgar!«
an. Und dann erschien eine Reihe sehr hübscher Girls
in einem Karren, der von zwei alten Pferden gezogen
wurde, während die Kapelle ein neues Lied, das ganz
allein für Edgar geschrieben zu sein schien, anstimmte,
und die Girls sangen überaus süß:

»E und D und G und A
Plus R, ganz intensiv.
Edgar heißt das, tralala,
Man sagt und singt das mit Trara,
Doch bitte nicht zu tief.
E und D und G und A:
Jetzt ist der Text vertont.
Obwohl man R nicht singen kann,
Hört sich's zur Klampfe niedlich an
Unter ei-nem spa-nischen Mond.«

Während das Gesinge weiterging, wurde Edgar mit
Girlanden aus den schönsten süßduftenden Blumen in
allen Farben des Erckmann'schen oder Eridianischen
Regenbogens behängt: malpacket, lorenzo, elia, esse-
nisch, williams, esplandián und pythágoras. Dann fand
sich Edgar auf den Schultern starker Männer in Trainingsanzügen wieder, die ihn davontrugen, wohin
wußte er nicht. Er rief dem herumtollenden Clown zu:
»Wohin? Wohin? Wohin?«

Aber es gab keine Antwort, außer von der Kapelle,
die in eine sehr seltsam klingende Fanfare auf die ersten
vier Buchstaben seines Namens aus- (versucht es mal
auf dem Klavier oder der Elektro-Orgel oder der
Espriella, wenn Ihr eine habt. Aber wenn Ihr eine
Kapelle im Keller sitzen habt, die den ganzen Tag nur
Karten spielt, dann haut ihr tüchtig eins hinter die
Ohren, sorgt dafür, daß sie ihre Instrumente stimmt,
und dann soll sie diesen Akkord spielen, und zwar fff,
das heißt forte fortissimo, und das heißt sehr sehr laut)
brach:

Edgar konnte kaum sehen, wohin er gebracht wurde, weil er so mit Blumen überschüttet war, aber bald fand er sich, unter lautem Jubel und Orchestergetöse, durch einen riesigen Triumphbogen in ein großes, kühles Gebäude getragen, in dem er ganz sanft auf einem Sessel abgesetzt wurde, und der Sessel stand an einem langen Tisch, und auf dem Tisch lagen und standen die folgenden herrlichen Speisen und Getränke:

Ein Esto-Perpetua-Auflauf, sehr heiß, mit einem Krug Etzelkrem daneben.

Ein gebratener flämischer Sompnour mit euphelischen Kartoffeln.

Drei singende Euphrosynen, mit Demogorgonen und schlichtem, rohem, geschnetzeltem Kohl garniert.

Ein Stück Rindfleisch, aufs dreisteste gegart und ganzflächig mit schmackhaften kleinen Knossos-Stückchen belegt.

Geschmorte Scheiben Jocelyn in einer sämigen Cogglesby-Sauce.

Ein kalter Reispudding.

Caladbolgs, sehr leicht und luftig, mit kleinen geschmorten Caliburnen und Caledvwlchs auf Toast à la Excalibur.

Ein riesiges silbernes Gericht voller Huibrechts Eyrbyggjas, das Ganze siedend heiß.

Tee. Weltausstellungs-Tee. Exeter-Tee (manchmal auch Leofric-Blatt genannt). Alfoxden-Tee. Tennisball-vorm-Kamin-Tee. Jan-van-der-Windmühle-Tee. Expede-Herculem-Tee. Untersuchung-von-Sir-William-Hamiltons-Philosophie-Tee. Evangeliums-Tee. Eustace-Diamonds-Tee. Heureka-Tee. »Goldenes Vermächtnis«-Tee. Tee.

Die Männer mit den weißen Trainingsanzügen
gingen nun unter Verbeugungen wieder hinaus, und
Edgar war völlig auf sich selbst gestellt. Das Zimmer
war leer, aber voller Türen, und es roch vage nach
Minze und Lilien. Er hatte gerade einen köstlichen
Huibrecht gegessen – das Gebäck war so leicht wie
der Kuß des Frühlings gewesen und die Füllung aus
heißer Waynfletenkonfitüre durchdringend süß – und
wollte sich aus einem Krug Euphorion-Tee nach-
schenken, als eine der Türen geöffnet wurde und zwei
stille Gestalten eintraten. Edgars Mund, noch voll
halbgekauter Huibrechte, öffnete sich bei ihrem

Anblick fast bis zum Anschlag. Die eine Gestalt war eine Art Dame, und die andere Gestalt war eine Art Herr. Aber der Herr rotierte einmal, um zu zeigen, daß er auf dem Hinterkopf ebenso ein Gesicht hatte wie auf dem Vorderkopf, und die Dame schien auf einem Bein zu hüpfen. Er konnte das Bein zwar nicht sehen, weil es von einem langen geblümten Rock verborgen war, aber er nahm an, sie sei, weil sie sich so ruckartig auf ihn zubewegte, eine einbeinige Dame. Sie sagte:

»Tut mir ja so leid, dich beim Essen zu unterbrechen, mein lieber Junge, aber daß wir hier eintreten, gehört bereits zur Prozedur. Ich heiße Mrs Echidna, und dies ist mein Sohn, der arme Junge, der von unfreundlichen Menschen mit konstanter Bosheit das Ungehobelte Ungeheuer genannt wird.« Ihr Sohn, dessen beide Gesichter traurig und hübsch waren, nickte traurig. Er trug wunderschöne Kleider aus rotem Samt und wirbelte einen kurzen zusammengerollten Schirm in der linken Hand. Seine Art der Fortbewegung geschah nicht ohne viele Drehungen und Wendungen, so daß ihm beim besten Willen niemand den Vorwurf machen konnte, er verberge eins seiner Gesichter.

Edgar konnte nicht sprechen. Er konnte nur Geräusche machen.

»Also«, sagte das Ungehobelte Ungeheuer, »wenn du mit diesem köstlich aussehenden Eyrbyggja fertig bist, machen wir uns auf den Weg. Der Wagen wartet draußen.«

»Wohinwohinwohin?« prustete Edgar.

»Oh, zum Schloß«, sagte Mrs Echidna. »Du bist, mein lieber Junge, sozusagen unser Gefangener.«

6. Kapitel

Auf dem Schloß

Edgar sagte sich immer wieder: »Das ist ein Traum ein Traum ist das nämlich ein Traum gleich wache ich auf und dann ist alles wieder gut bis dahin ist es eben ein ganz schlechter Traum ein Albtraum«, und das mag Euch als vernünftig gesprochen erscheinen, aber es ist doch Tatsache, daß man, wenn man träumt, daß man träumt, ganz leicht träumen kann, daß man aufwacht, und das, wozu man dann aufwacht (das heißt: im Traum), ist auch nur wieder ein Traum, und der könnte leicht viel schlimmer sein als der andere, falls Ihr versteht, was ich träume, ich meine: meine. Während er sich all das sagte, wurde er sehr freundlich zu einem großen, glänzenden Automobil geführt (einem Estrildis 90, sehr selten und sehr teuer), mit einem zwergenhaft aussehenden Fahrer, der eine Uniform und eine spitze Mütze trug. Zeitungsphotographen machten Bilder, und Mrs Echidna und ihr Sohn stellten sich liebenswürdigerweise in Positur, und Edgar versuchte »Laßt mich hier raus!« zu schreien, aber kein Laut verließ seine Lippen. Außerdem gab es massenhaft Touristen, die von einem Cordon reizender Polizisten auf Abstand gehalten wurden, und die Touristen knipsten und surrten mit ihren Photo- und Filmapparaten.

»Alles für den Fremdenverkehr«, sagte Mrs Echidna. »Natürlich schrecklich langweilig, aber irgendwie muß man sich seinen Lebensunterhalt schließlich verdienen.« Dann stiegen sie in das Auto, und das Ungehobelte Ungeheuer setzte sich vorne neben den Chauffeur. Das bedeutete, daß er sich mit Edgar unterhalten konnte, ohne sich umzudrehen. Als der Wagen unter dem Jubel der Menge davonraste, sagte das Ungehobelte Ungeheuer zu Edgar:

»Das Gesicht, das dich jetzt ansieht und mit dir spricht, wird Hintergesicht genannt, während das andere, das nach vorne blickt und gelegentlich den Chauffeur anredet (er heißt übrigens Alberich), Vordergesicht genannt wird. Mich nennt man für gewöhnlich UU. Alles klar? Gut.«

»Was«, sagte Edgar mit angstvollem, atemlosem, krächzendem Flüstern, »habt ihr mit mir vor?«

»Oh, du brauchst dir gar keine Sorgen zu machen«, sagte Mrs Echidna.

»Sie entkommen alle, und dann haben die Zeitungen dicke Schlagzeilen, in denen das steht, und das soll dann auch wieder gut für den Fremdenverkehr sein. Wenn ich sage *sie entkommen alle,* übertreibe ich vielleicht ein wenig. UU und ich sind durchaus willens, dir alles, was dir bei der Flucht von Nutzen sein könnte, zur Verfügung zu stellen, aber trotzdem stellt mein Vater ein Problem dar, denn er gehört noch zur alten Schule. Er hält nichts von geglückten Fluchten, o nein. Dagegen hält er sehr viel davon, Leute bei lebendigem Leibe zu verspeisen, der blutdurstige, alte Kannibal, der er ist, falls er mir diese Bemerkung verzeiht.«

»Er ist in Estotiland«, sagte UUs Hintergesicht. »Er wird die Bemerkung weder verzeihen noch nicht verzeihen, da er nicht hier ist und sie hören könnte.«

»Ja, aber er ist immer so *schnell*«, seufzte seine Mutter. »Wenn du nur für einen Augenblick den Rücken

kehrst – ich meine natürlich mich, nicht dich; wenn *ich*
den Rücken kehre –, siehe da: da ist er schon.« Edgar
sah jetzt, daß sie doch nicht nur ein vereinzeltes Bein
hatte. Sie hatte stattdessen einen sehr kräftigen
Schwanz, muskulös wie der Schwanz eines Känguruhs
oder vielleicht der einer Python (obwohl eine Python
ganz Schwanz ist – bis auf den Kopf, wenn man mal
darüber nachdenkt), und Edgar fiel wieder ein, was ihm
der Mann auf dem Schiff – vor schrecklich langer Zeit,
wie ihm jetzt schien – gesagt hatte: *Von der Hüfte
abwärts wie eine große Schlange.* Jetzt hätte er mehr Angst
haben sollen als je zuvor, aber er hatte keine: Er emp-
fand nur Mitleid und Bewunderung für eine Dame, die
sich fortbewegen mußte, indem sie auf ihrer Schwanz-
spitze balancierte. Er betrachtete ihr Gesicht: ein *nettes*
Gesicht, mit einer großen runden Brille und Ohrringen
in der Form von Malteserkreuzen und einem kleinen
Porträt ihres Sohnes UU in einer Kameenbrosche. Das
Leben war für alle schwer, und Ungeheuer waren da
keine Ausnahme. Jetzt sagte er:

»Wie heißt Ihr Vater, und wie...«

»...sieht er aus?« sagte UUs Hintergesicht. »Großvater ist ganz einfach groß, das ist alles. Einfach sehr,
sehr, sehr, sehr groß. Man könnte ihn einen Riesen
nennen.« Und dann sagte das Vordergesicht, das Edgar
natürlich nicht sehen konnte, zu Alberich, dem Fahrer:
»Einen Riesen, stimmt's, Alberich?«

»Für unsereins sind die meisten Leute Riesen«, sagte
Alberich. »Aber ich würde nicht so weit gehen zu
bestreiten, daß er ziemlich groß ist.« Und Hintergesicht
nickte Edgar zu, als wolle es zum Ausdruck bringen,
daß das, was Alberich da sagte, Hand und Fuß habe.

»Und wie lautet sein Name?« fragte Edgar wieder.

»Den ändert er oft«, sagte Mrs Echidna. »Das kommt darauf an, wer in den Nachrichten als jemand erwähnt wird, der etwas richtig Schlimmes begangen hat. *Erdbeben verwüstet Nicaragua.* Das ist ein *was,* kein *wer,* aber meinem Vater ist das egal. Herr Erdbeben. Er hat viel zu tun. Er steckt hinter vielem Bösen.«

»Dann wollen wir hoffen, daß ihn Estotiland ein Weilchen beschäftigt«, sagte UU/HG. »Schon mal dagewesen?« sagte er im Gesprächston zu Edgar. »Interessant. Eine Art russisches Amerika oder amerikanisches Rußland. Stell dir vor, Amerika hat sich in Rußland verwandelt und Rußland hat sich in Amerika verwandelt, dann bekommst du eine ziemlich gute Vorstellung davon.« Edgar versuchte angestrengt, sich das vorzustellen, gab es aber bald auf. Er konzentrierte sich, so gut er konnte, auf die Landschaft, die draußen vor dem Autofenster vorbeizog; Seen, Vulkane, Wald, Weidegründe für Schweine, das gelegentliche Dorf, das aussah, als würde dort Wein aus Artischocken und Rote-Bete-Wurzeln hergestellt. Es schien noch ein weiter Weg bis zum...

»Ah, hier ist es −: das Schloß«, sagte UUs HG. »Jetzt kommen wir gerade zum Hügel. Ganz beeindruckend, was? Natürlich schrecklich teuer im Unterhalt, aber der Oberbürgermeister und die Stadtwerke von Edenborough greifen uns unter die Arme. Das ist alles für den Fremdenverkehr, verstehst du. Am Wochenende kommen die Leute und besichtigen das Schloß, gegen Eintritt natürlich, und außerdem an Feiertagen wie Aram, Etruria und am Till-Eulenspiegel-Jahrestag. Wir gestatten ihnen, sich *nur ein bißchen* anzusehen, mehr nicht, aber damit sind sie offenbar zufrieden, solange sie Photos machen dürfen. Die Menschen«, sagte er voll Düsternis, »sind leicht zufriedenzustellen.«

Edgar konnte etwas sehen, was ihm wie ein ganz gewöhnliches altes Haus vorkam, allerdings ein großes,

auf dem lauter Türme von unterschiedlicher Höhe steckten – wie ein Haufen Kerzen in der Kirche, alle zu verschiedenen Zeiten angezündet und zur selben Zeit wieder ausgepustet. Um diesen Kerzeneffekt noch zu verstärken, schienen Rauchfähnchen von den Turmspitzen aufzusteigen, aber die kamen wahrscheinlich aus verborgenen Kaminen. Außerdem flatterten Wimpel in dem ziemlich heftigen Wind, und es gab einen Burggraben und eine fadenscheinig aussehende Zugbrücke. Sie fuhren nun zur Zugbrücke hinauf, und der Fahrer Alberich schmetterte eine kleine Melodie auf seinen drei bis vier Hupen. Die Zugbrücke wurde mit beträchtlichem Quietschen heruntergelassen, und einige der Kabel sahen sehr durchgescheuert aus. So fuhren sie denn über den Burggraben, und der Mann, der die Zugbrücke unter sich hatte, grüßte sie mit tiefen Verbeugungen und einem langen Lächeln mit wenigen Zähnen. Er schien Alberichs Bruder oder Vetter zu sein. Er schickte sich an, mit Alberich ein ausgedehntes Gespräch zu führen.

»Na, wie war es denn in der Stadt?«

»Alles klar. Wir haben den Neuen hinten im Wagen.«

»Kein Regen? Kein Schnee? Keine wettermäßigen Extravaganzen?«

»Wie ich dir immer wieder sage: Das Wetter ist da genau so wie hier.«

»In so einer großen Stadt? Unsinn. Es ist doch nur logisch, daß die sich da besseres Wetter leisten können als wir.«

»Aber ich habe dir doch schon gesagt, daß man für Wetter nicht bezahlt.«

»Und *ich* habe *dir* schon gesagt, daß man keins dieser großen Gewitter veranstalten kann, ohne ganz schön tief in die Tasche zu greifen. Allein schon der Blitz muß ein kleines Vermögen kosten, vom Donner sowieso ganz zu schweigen.«

»Mein lieber«, sagte UU matt, »Bolingbroke, uns reicht's allmählich. Alberich, fahren Sie weiter.«

»Aber man muß ihn überzeugen, Sir. Er ist überhaupt nicht lernfähig. Für Wetter bezahlen; wenn ich das schon höre.«

Das Geschöpf namens Bolingbroke schüttelte sich zunächst vor Wut und sagte dann: »Für alles muß man zahlen; so steht es geschrieben.« Dann beruhigte er sich und lächelte und sagte: »Ich gebe ja gern zu, daß kein Geld im Spiel ist, wenn es Bindfäden regnet, vorausgesetzt, daß niemand Anspruch auf sie erhebt. Aber wenn es nun richtig feinen Zwirn regnet? Der kostet nämlich, und das nicht zu knapp. Aber bei euch ist das ja keine Bosheit, sondern Unwissenheit, Gott segne euch. Mit der Zeit wird sich das verlieren.«

»Fahren Sie weiter, Alberich«, sagten UUs zwei Gesichter gleichzeitig, um höhere Lautstärke zu erzielen. Sie fuhren weiter auf den Schloßhof, wo die Fahrgäste ausstiegen, während Alberich wieder anfuhr, wahrscheinlich zu einer Garage.

»Nun«, sagte Mrs Echidna, »möchtest du vermutlich dein Zimmer sehen.«

Edgar fand sich – und sie alle – in einer großen Eingangshalle wieder, in deren großem Kamin Scheite brannten und an deren Wänden Bilder von Vorfahren und Verwandten hingen – besonders fiel ihm die Sphinx von Ägypten auf –; und dazwischen hingen uralte Waffen (alle zu stumpf, um bei heißem Wetter Butter zu schneiden, dachte er). Aus einer der vielen Türen erschien ein Mann mit gestreifter Weste, der Edgar wie eine Art Butler vorkam. Er schien ebenfalls ein Bruder oder Vetter von Alberich zu sein, wenn man nach seinem Äußeren schloß, und er kam ausgesprochen mürrisch herein.

»Ah, Etheredge«, sagte UUs Vordergesicht, »da sind Sie ja.«

»Ja, ich bin es allerdings«, knurrte Etheredge, »und ich befinde mich keineswegs woanders. Was steht denn zu Diensten (nicht, daß es übermäßig wichtig wäre)?«

»Zu *Diensten* steht«, sagte Mrs Echidna honigsüß, »daß Sie diesen jungen Herrn auf sein Zimmer begleiten. *Sofort.*«

»Gepäck hat er nicht«, sagte Etheredge. »Und sonst hat er auch nicht viel, würde ich sagen, wenn er sich entführen und hierherschleppen läßt. Viel Verstand auf jeden Fall schon mal nicht. Dann komm mal mit, du junger Spund, und ich zeige dir, wo's langgeht.«

»Das Abendessen«, sagte UU, »wird in einer Stunde serviert.«

»In drei Stunden; das kommt der Sache sehr viel näher. Die Katze ist mit dem Fisch durchgebrannt und der Fuchs mit dem Huhn. Jetzt sitzt die Köchin dumm herum und weiß nicht, was sie tun soll. Ich habe ihr gesagt, sie soll Pfannkuchen machen, obwohl es Mittwoch ist. Sie denkt darüber nach.« Dann bedeutete er Edgar durch eine ungehobelte Komm-mit-Bewegung des Kopfes, er solle mitkommen.

Edgar wurde die feinen breiten Stufen hinauf- in einen Korridor voller Türen geleitet. Alles hatte einen Geruch nach feuchten Brotkrumen.

Etheredge murrte die ganze Zeit –: über seine Fußschmerzen, über sein knarrendes Bett, über das Wetter (manchmal zuviel Regen, manchmal nicht genug), über die harte Arbeit, die mit dem Dasein als Butler einhergeht. Schließlich stieß er eine Tür auf, und hier war nun Edgars Zimmer. Edgar keuchte, als er es sah. In dem Zimmer war nichts außer einem Stuhl, einem Tisch, einer Art Fernsehschirm und einer Art Falltür im Fußboden. »Da steht ja gar kein Bett«, sagte Edgar.

»Natürlich steht da gar kein Bett. Du sollst hier auch nicht deine Zeit mit Schlafen verplempern, sondern du sollst versuchen, von hier zu entkommen. Nach dem Abendessen wirst du sehen, wie das alles funktioniert, das heißt: *falls* es ein Abendessen gibt.«

»Und was tue ich bis zum Abendessen, das heißt: falls es ein Abendessen gibt?« (Edgar fügte Etheredges eigene Worte in scherzhaft-spöttischer Weise hinzu.)

»Was du tust?« Etheredge kicherte. Der Spott schien ihm überhaupt nichts auszumachen. »Bevor du auch nur das allergeringste Abendessen bekommst, wirst du das tun, was sie als die Prälims bezeichnen. Weißt du, worin die bestehen?« Edgar wußte es nicht. »Nun«, sagte Etheredge, »mein Herr und Meister, Mr U. Ungeheuer, war früher mal Lehrer. Und als Lehrer war er ausgesprochen gut, weil er doch zwei Köpfe hat. Wenn er was an die Tafel zeichnete oder schrieb, konnte er gleichzeitig sehen, was die jungen Schurken trieben. Als alle Lehrer außer ihm mit Grippe zu Hause blieben, hat er zwei Klassen gleichzeitig unterrichtet – eine vorn und eine hinten. Ich glaube, er war wunderbar, wie er mit einem Gesicht Spanische Geometrie und mit dem andern Schwedische Disziplin unterrichtete. Dann hat er den Posten verloren, weil irgendwas in den Rahmenrichtlinien stand, daß kein Lehrer doppelzüngig sein darf oder so. Aber er hat immer noch seinen Spaß an der Erziehung. Ich werde also jetzt diese Tür verschließen«, sagte Etheredge und zog ein großes Schlüsselbund aus der hinteren Hosentasche, »und zwar doppelt und tripelt, und du setzt dich da drüben an den Tisch. Und wenn du dann alles getan hast, was verlangt wurde, kriegst du dein Abendessen – *falls* es ein Abendessen gibt.« Er kicherte und ging hinaus. Edgar hörte, wie die Schlüssel im Schloß umgedreht wurden. Die

Tür war ein großer massiver Klumpen Eichenholz. Es gab keine Fluchtmöglichkeit. Da war ein Fenster, und das war vergittert. Er zog an der Falltür, aber die war ebenfalls abgeschlossen. Der Fernsehschirm, der direkt hinter Tisch und Stuhl stand, begann, ihn anzublitzen. Er setzte sich.

BEREIT? Das Wort blitzte groß auf dem Schirm auf. Edgar sagte »Ja«, und der Schirm schien ihn zu hören. Nun blitzte folgendes Problem auf: WO WAR MOSES, ALS DAS LICHT AUSGING? Sehr leicht. Edgar lächelte. Auf diese Frage wußte er die Antwort. Er sagte: »Im Dunkeln.« Der Fernsehschirm schien erfreut zu sein, denn er blitzte immer wieder, wie ein kleines Probefeuerwerk. Dann erschien ein neues Problem – weiße Buchstaben wie Feuer auf einem Hintergrund aus schwärzester Nacht: MACHE IN FÜNF SCHRITTEN MEHR AUS VIEL, INDEM DU NUR JEWEILS EINEN BUCHSTABEN VERÄNDERST, UND ZWAR SO, DASS JEDESMAL EIN ECHTES NEUES WORT ENTSTEHT. Edgar sagte: »Das kann ich nicht im Kopf. Das muß ich aufschreiben.« Der Bildschirm blitzte: NUR DENKEN; DAS GENÜGT SCHON. Also dachte sich Edgar die einzelnen Schritte aus, und zu seinem Erstaunen erschienen sie auf dem Bildschirm. Er brauchte ziemlich lange, aber er schaffte es.

VIEL VIER TIER TEER MEER MEHR.

Wieder schien der Fernsehschirm hocherfreut zu sein, denn er veranstaltete ein weiteres kleines Feuerwerk, und im Hintergrund war sogar Lärm wie von einer Kapelle. Aber jetzt kam eine sehr schwierige Frage: ERKLÄRE, WIE ES KOMMEN KANN, DASS MENSCHEN GLEICHZEITIG LÜGEN UND NICHT LÜGEN. Edgar verstand das nicht. Er dachte und dachte, aber nichts, was auch nur den geringsten Sinn ergab, kam ihm in den Sinn. Die Frage blieb auf dem Bildschirm, Feuer auf Schwärze, wie eine Anklage. Plötzlich, aus keinem Grund, den er erklären konnte, fing er mit dem Geist ein Bild von König Salomo in der Bibel ein, und er sagte, ohne zu wissen, warum er es sagte: »König Salomo sagte, alle Menschen seien Lügner, aber König Salomo war ein Mensch, deshalb war er ein Lügner, deshalb sagte er nicht die Wahrheit, deshalb sind alle Menschen keine Lügner, aber König Salomo war ein Mensch, deshalb war er kein Lügner, deshalb sagte er die Wahrheit, als er sagte, alle Menschen seien Lügner, aber König Salomo war ein Mensch, deshalb war er ein Lügner, deshalb sagte er nicht die Wahrheit, als er sagte, alle...« Ein gewaltiger Lärm, wie eine Mischung aus Kirchturmglocken und Schiffssirenen, drang aus dem Fernsehschirm. Dann stellte er, schwarz auf weiß, fest:

Es gibt Abendessen.

Und dort an der Tür, etwa eine Minute später, stand Etheredge und klimperte mit seinen Schlüsseln. »Hast dich offenbar nicht schlecht geschlagen, du junger Spund«, sagte er. »Ich war nie sehr schlau. Aber das waren nur die sogenannten Prälims. Der richtig schwere Teil kommt nach dem Abendessen. Pfannkuchen, wie ich schon sagte. Also komm mit runter und iß.«

Edgar wurde die Treppe hinunter in die Eingangshalle und dann in ein großes Eßzimmer geführt, in dem Mrs Echidna und UU bereits Platz genommen hatten. Auf dem Tisch stand ein schwankender großer Stapel dampfender Pfannkuchen. Edgar war froh über den Anblick, denn jenes Bankett in Edenborough war ihm nach dem ersten Mundvoll weggeschnappt worden. Und er hatte immer noch keinen Tee zu trinken. Zu Edgars leichtem Erstaunen setzte sich der Butler Etheredge ebenfalls an den Tisch, anstatt stehenzubleiben und Wein einzuschenken oder was von Butlern sonst verlangt wird, und er beeilte sich, an der Qualität der Pfannkuchen herumzumäkeln.

»Die sind ja mit Eiern gemacht«, sagte er und kaute an einem herum, »wohingegen, wie jedermann weiß, Schnee das einzige ist, was man da verwenden kann. Schnee macht die Dinger leicht und luftig.«

»Das einzige, womit man ihn zur Ruhe bringen kann«, sagte UU seufzend (und UU trug jetzt einen wunderschönen Abendanzug; außerdem steckte er sich die Pfannkuchen gleichzeitig in beide Gesichter, aber sehr vornehm und überhaupt nicht gierig), »ist eine Geschichte. Mutter, vielleicht könntest du so freundlich sein und uns eine erzählen.«

»*Ich* werde das Freundlichsein übernehmen«, knurrte Etheredge. Und sogleich brach er in folgendes aus:

» Einen kleinen Pfannkuchen hatte ich einst.
Er war so lieb und so gut zu mir.
Sein Intellekt war zwar von kleinst-
Em Zuschnitt, doch treudoof dafür.
Ein Jahr hätt', dacht' er, tausend Tage,
Und sechzehn Shilling hätt' ein Pfund,
Der Bückling wüchs' in Hangeslage,
Doch treu war er mir wie ein Hund.
Ein hartes Wort; schon weinte er
Und schluchzte, daß es Gott
Erbarm'. Wenn man ihn schlug, dann greinte er,
Kroch schuldbewußt in den Schamott.

Ich sag' Euch, wie er mir das Leben
Gerettet einst. Er war der letz-
Te Kuchen auf der Platte,
Die mir mein Frauchen hat gegeben,
Serviert, kredenzt, egal, ich hatte
Gerade mein Besteck gezückt,
Da schrie und bat er bitterlich
— Sonst hätt' ich mich mit ihm beglückt,
Doch bin ich nun mal ritterlich,
Er sah zwar wirklich köstlich aus —:
›Ach, friß mich nicht!‹ kam's aus ihm raus,
›Denn du bist längst schon völlig satt!‹
Ich stutzte, lauschte, war schon fast
Beredet, überzeugt und platt.
›Da neunzehn du gegessen hast.
Die Anzahl 20, steht geschrieben,
Bei Fleisch, Geflügel oder Fisch,
Bei Tellern Suppe oder Shish
Kebab ist immer übertrieben
Und für den Magen äußerst schädlich.‹
Ich war sogleich auch überzeugt:
Für mich wär' diese Menge tödlich.
So hab' ich mich dem Spruch gebeugt,
Und meine Zähne mahlten weder, noch
hackten sie das Küchlein, nein,
Ich schrak zusammen, bin ich doch
Ein Gegner solchen Selbstmords. Ein
Jahr verging und noch viel mehr:
Dies Omlett gab ich nicht mehr her.
Ich hielt es als Haustier bei Regen und Glätte,
Bei Sonne und Kälte, und wenn ich nicht
Einen Hund in die Nähe gelassen hätte,
Der nach ihm schnappte als Zwischengericht,
Dann wär' er noch bei mir, oh Sünde, oh Scham.

Mein liebes Weib sprach: ›Schaff dir doch
Einen neuen an.‹ Doch kaum vernahm
Ich's, biß voll grimmiger Reue
Die Zähn' ich zusammen,
Sprach: ›Was soll mir der neue?
Er könnte doch niemals derselbe sein, o nein,
Ich wette darauf meinen letzten Schein:
Er könnte doch niemals derselbe sein,
Derselbe, derselbe, er könnte doch niemals derselbe...‹«

»Das genügt, glaube ich«, sagte Mrs Echidna sanft. »Ich bemerke, daß es Ihnen, obwohl Sie dieses traurige Lied gesungen haben, gelungen ist, mindestens achtzehn dieser Pfannkuchen zu verdrücken. Genug ist genug.«

In diesem Augenblick trat ohne anzuklopfen Bolingbroke grinsend mit einem gelben Umschlag ein. »Wie ist das Wetter hier drin?« sagte er. »Aha, auf jeden Fall schön trocken. Das hier ist gerade angekommen«, sagte er zu Etheredge. Etheredge nahm den gelben Umschlag, verließ eilig den Raum, wobei er Bolingbroke mit flotten Tritten vor sich hertrieb und sagte:

»Von wegen Wetter, kommt hier einfach rein und unterbricht mich beim Abendessen, ohne anzuklopfen.« Die Tür wurde geschlossen. Die Tür wurde wieder geöffnet, und Etheredge kam wieder herein; den gelben Umschlag trug er auf einem Tablett. Er ging zu UU und sagte:

»Dies scheint ein Telegramm zu sein, gnä' Herr. Keine schlechten Nachrichten, hoffe ich.«

UU riß den Umschlag auf. Sein Gesicht verfinsterte sich. Sein anderes Gesicht verfinsterte sich wahrscheinlich auch, aber Edgar konnte es nicht sehen. »Sehr schlechte Nachrichten«, sagten beide Gesichter. »Er kommt.«

»Oh«, sagte Mrs Echidna, »du meinst doch nicht . . .«

»Doch, ich meine. Ich meine sogar sehr. Großvater kommt. Außerdem telegraphiert er, daß er einen schönen Appetit mitbringt, da er in Estotiland so wenig gegessen hat. Oha.« Mutter und Sohn sahen Edgar traurig an, und sogar Etheredge erlaubte seinem Gesicht, sich zu verfinstern.

»Hier bleibe ich nicht«, sagte Edgar. »Ich verschwinde. Ich will mich nicht fressen lassen.«

»Nun«, sagte UU, »der einzige Weg nach draußen führt durch die Falltür. Wenn wir dich zur Vorder- oder Hintertür hinauslassen, wird er dich erwischen. Er nimmt sehr schnell Witterung auf. Er wird nach dir schnüff- schnüff- schnüffeln, und dann schnappt er zu, da gibt es gar keinen Zweifel. Nein, mein Junge, du mußt zurück auf dein Zimmer.«

»Und dann durch die Falltür hinaus?« fragte Edgar eifrig.

»So einfach ist es nicht«, sagte UU. »Diese Falltür ist elektronisch darauf programmiert, daß sie sich nur öffnet, wenn du das Letzte Problem löst. Und das Letzte Problem wird einige Zeit in Anspruch nehmen. Es ist sehr, sehr schwer zu lösen.«

»Ich werde es lösen«, sagte Edgar. »Ich werde es lösen müssen.« Und er stopfte sich einen Pfannkuchen in den Mund und marschierte aus dem Eßzimmer. So ein Ärger; und das alles nur, um zurück in die Klasse und dann nach Hause zum Tee zu kommen. Tee? Er hatte gerade zu Abend gegessen.

7. KAPITEL

Albert hilft

Edgar saß an dem kleinen Tisch und wartete und betrachtete den Fernsehschirm. Draußen wurde es jetzt dunkel, und das einzige Licht im Zimmer kam von einer blauen Glühbirne, die von der Decke pendelte,

und, natürlich, vom Leuchten des Fernsehschirms. (Warum eigentlich *pendelte*? Ich habe das ohne nachzudenken hingeschrieben, weil ich wußte, daß es irgendwie stimmt. Von irgendwoher muß Zugluft kommen. Ah ja: von einer kaputten Scheibe in dem Fenster da drüben. Offenbar wird der Wind stärker. Vielleicht gibt es ein teures Gewitter. Abwarten.) Plötzlich begannen Wörter auf dem Bildschirm zu erscheinen – langsam, eins nach dem anderen:

Erkläre die Relativitätstheorie.

Edgar sah sich das an, und sein Herz klopfte schnell vor Angst. Er hatte schon von dieser Relativitätstheorie gehört, wie jeder andere auch, aber er hatte keine Ahnung, worum es dabei überhaupt ging. Eine erste Regung sagte ihm, er solle aus dem Zimmer flitzen, die Treppe hinunter, raus aus dem Schloß, weg, irgendwohin, und einfach hoffen, daß er durch sehnliches Wünschen oder sonst ein Wunder plötzlich wieder sicher und gemütlich im langweiligen Klassenzimmer sitze und sich einen Bericht über die angelsächsischen Könige anhöre. Aber die Tür war abgeschlossen, und um die Tatsache seiner Gefangenschaft noch zu betonen, begann sich eine große, dicke Eisenplatte von der Decke herabzusenken, um die Tür abzudecken. Es gab nur einen Weg hinaus, und der führte durch die Falltür dort drüben, und die Falltür kriegte man nur auf eine Art und Weise auf, indem man nämlich das tat, was der Fernsehschirm verlangte:

Erkläre die Relativitätstheorie.

Plötzlich hörte er ein heftiges Pfeifen. Er sah sich um und dann auf den Fußboden: Das Pfeifen kam von einer kleinen grauen Maus. Die Maus nickte ihm zu, hob eine Pfote zum Gruß und begann dann, sein Hosenbein hinaufzulaufen. Edgar lächelte traurig, nahm das winzige Geschöpf auf seine Handfläche und sprach es an.

»Wir sind beide Gefangene«, sagte er. »Du bist eine Maus, und ich bin ein Junge, aber beide sind wir für alle Zeiten in diesem Zimmer eingesperrt.«

»Schnickschnack und dummes Zeug«, sagte die Maus mit leiser, aber klangvoller Stimme. »Ich komme und gehe, wie es mir beliebt. Ich habe da drüben ein Loch, siehst du, und durch dieses Loch kann ich die große, weite Welt dort draußen so oft besuchen, wie ich wünsche. Ich heiße, übrigens, Albert.«

»Sehr angenehm«, sagte Edgar. »Ich heiße...«

»Für diesen Unsinn haben wir jetzt keine Zeit«, pfiff die Maus forsch. »Uns brennt ein anderes Problem auf den Nägeln.«

»Nägeln?« sagte Edgar dumm.

»Du weißt, was ich meine. Was da oben steht. Relativitätsundsoweiter. Entschuldigung, war dumm von mir; ich meine nur Relativität. Gut, fangen wir an. Erstens: Wie hoch ist die Lichtgeschwindigkeit?«

»Hör mal«, sagte Edgar. »Das ist doch lachhaft. Du bist nur eine Maus. Was verstehst du denn von der...«

»Komm, verschwende keine Zeit.« Die Maus war von Edgars Hand auf den Tisch gesprungen, sah ihn nun ernst an und pfiff voller Ungeduld. »Die Lichtgeschwindigkeit beträgt dreihunderttausend Kilometer pro Sekunde. Stimmt's?«

»Wahrscheinlich«, sagte Edgar.

»Überhaupt nicht wahrscheinlich. Es *ist* so. Damit man den Mund nicht jedesmal mit so einer großen Zahl vollnehmen muß, nennt man die Lichtgeschwindigkeit c.«

»Zeh? Tse-tse?«

»Nein, nein – *c, c, c, c,* der Buchstabe *c.* Gibt es irgendwas Schnelleres als *c*? Komm schon, sag's mir, schnell.«

Edgar war ziemlich sicher, daß es nichts Schnelleres als die Lichtgeschwindigkeit gab, und das sagte er auch.

»Gut«, sagte die Maus. »Nun nehmen wir mal an, daß eine Eisenbahn mit Lichtgeschwindigkeit fährt. Nur mal angenommen. Das könnte zwar in Wirklichkeit nie passieren, aber mal angenommen, nur mal *angenommen.*«

»Gut, ich nehme es mal an.«

»Und auf dieser Eisenbahn rennt ein Mann zur Spitze des Zuges. Kannst du dir das vorstellen? Wie im Film. Ein Mann, der von Polizisten verfolgt wird, läuft oben auf dem Zug entlang. Der Mann will zum Lokführer, um ihn zu ermorden.«

»Warum?« sagte Edgar.

»Verschwende doch nicht so viel Zeit«, pfiff die Maus und hüpfte in die Luft. »Weil der Lokführer der Mann ist, der das Verbrechen begangen hat, wofür der rennende Mann von der Polizei verfolgt wird. Klar?«

»Ich glaube schon«, sagte Edgar.

»Also dieser Mann rennt mit einer Geschwindigkeit von eintausend Kilometern in der Sekunde.«

»Unmöglich«, sagte Edgar.

»Unmöglich? Wenn der Zug selbst sich mit einer Geschwindigkeit von dreihunderttausend Kilometern fortbewegt? Streng doch mal dein Gehirn an, Mann. Na, egal, der Witz ist, daß die Geschwindigkeit des Mannes für jemanden, der den Zug vorbeifahren sieht, na? wie hoch ist? Mach schon, mach schon, mach schon.« Und das kleine Geschöpf hüpfte und tanzte ungeduldig auf und ab.

»Die Geschwindigkeit des Mannes«, sagte Edgar, »ist die Geschwindigkeit des Zuges plus die Geschwindigkeit, mit der er rennt –: Dreihundertundeintausend Kilometer in der Sekunde.«

»Ah«, sagte die Maus. »Es gibt also etwas, das schneller ist als Licht. Aber du hast doch gesagt, daß es *nichts* gibt, das schneller ist als Licht.«

»Da hatte ich also unrecht«, sagte Edgar.

»Nein, da hattest du ganz und gar nicht unrecht«, sagte die Maus, die wir jetzt, da sie ihren Namen mit Albert angegeben hatte, Albert nennen wollen. »Meine Güte«, sagte Albert. »Wie der Wind zunimmt. Bald werden wir ein sehr kostspieliges Gewitter kriegen. Der Witz ist der«, fuhr Albert fort, »daß es auf den Betrachter ankommt. Es geht nicht darum, daß die Lichtgeschwindigkeit *nicht* das Schnellste ist, was es gibt. Es kommt darauf an, wer zukuckt – das heißt: auf den Betrachter. Auf ihn oder sie ist alles bezogen oder eben relativ, und deshalb nennt man den ganzen Klumpatsch Relativität.«

»Den ganzen was?« sagte Edgar.

»Klumpatsch. Quark. Eikon Basilike. Fadladeen. Alles klar? Hast du den ganzen Kram jetzt im Pfiff, ich meine, im Griff?« pfiff Albert.

»Alles klar«, sagte Edgar, dem überhaupt nichts klar war. Und dann flackerte draußen ein Blitz auf. »Das Gewitter beginnt«, sagte er. Dem Blitz folgte Donner, denn Lärm ist, verglichen mit Licht, ganz schön langsam (und letzten Endes ist eben doch nichts schneller als Licht). Und dann ließ der Fernsehschirm eine Botschaft aufblinken.

BEEIL DICH BEEIL DICH BEEIL DICH ER IST SCHON UNTERWEGS.

»Oh, nein, nein, nein«, schrie Edgar.

»Der Alte, was?« sagte Albert und nickte zum Schirm hinüber. »Macht nichts, wir schaffen dich hier in einem eleatischen Palatunat hinaus, oder sogar noch fixer. Das Gesetz der Lichtgeschwindigkeit muß für jeden gleichermaßen gelten; wir müssen also nur noch Raum und Zeit verbiegen. Also: Du hast einen Stab von einem Meter Länge; wie lang ist er also?«

»Einen Meter lang natürlich«, sagte Edgar. Es goß bereits in Strömen.

»Nein, nein, nein, nein«, hüpfte Albert. »Ein Meter wäre es, wenn er sich nicht innerhalb eines Systems in Bewegung befände. Wenn der Stab in einem in Bewegung befindlichen System ist, dann – ach, dann ist es die Quadratwurzel von 1 minus das Quadrat der Geschwindigkeit des in Bewegung befindlichen Systems durch das Quadrat der Lichtgeschwindigkeit. *Denk* das mal schnell und *sieh* es dir auf dem Fernsehschirm an.«

Edgar tat sein Bestes, und da stand es, silbern auf schwarz, und es blitzte und blinkte nur so, obwohl der Blitz den Empfang beträchtlich störte:

$$\sqrt{1-v^2} \ / \ c^2 \text{ eines Meters}$$

»Und«, sagte Albert, »ob du's glaubst oder nicht, aber wenn du eine Uhr in ein in Bewegung befindliches System bringst, ist der Abstand zwischen den einzelnen Ticks und Tacks nicht eine Sekunde lang, sondern ein kleines bißchen länger.« Der Donner toste, und der Regen goß. Und dann wurde an die Tür geklopft, und man hörte eine sanfte Stimme rufen: »Edgar? Edgar? Bist du da, Edgar?« Edgar konnte vor Angst nicht antworten. Er würgte nur ein ums andre Mal. »Ich weiß, daß du da drin bist«, sagte die Stimme. »Und jetzt komme ich dich holen. Mit einem einzigen Faustschlag werde ich die Tür zertrümmern, und dann werden wir zwei beieinandersein. Richtig nett und gemütlich, nur du und ich.« Und dann wuchs die sanfte Stimme zu einem gewaltigen Gebrüll an, das den Donner übertönte, und Edgar hörte, wie eine Faust durch splitterndes Holz krachte.

»Es ist alles so verrückt, verrückt, verrückt«, schrie er.

»Schnell«, pfiff Albert. »Fang jetzt lieber an und sag, worum es bei der Relativitätstheorie geht. Und zwar *jetzt*.«

»Die Relativitätstheorie«, begann Edgar, »besagt, daß, besagt, daß, besagt, daß...«

»Nur noch ein paar Sekunden, und dann bin ich bei dir, Edgar«, sagte die Stimme vor der Tür. »Ich kann zwar nicht hereinkommen, natürlich nicht, weil ich viel zu groß bin, aber ich werde meinen Arm ins Zimmer strecken und mit meinen Fingern nach dir tasten, und dann hab ich dich, und dann wird alles richtig nett und gemütlich.«

Der Blitz schien irgendwo in irgendwas einzuschlagen, denn Edgar hörte das Poltern von Steinen und Ziegeln. Dann sprach der Donner: »Daaaaa!«

»Beeil dich«, sagte der hüpfende und überaus aufgeregte Albert. Und der Fernsehschirm flimmerte:

BEEIL DICH BEEIL DICH BEEIL DICH.

»Die Lichtgeschwindigkeit«, sagte Edgar, und sein Herz pochte so heftig, daß er sich selbst kaum denken hören konnte, »beträgt für den einen Betrachter 300.000 Kilometer pro Sekunde, aber dies kann nicht für einen zweiten Betrachter zutreffen, der sich vom ersten Betrachter fortbewegt. Und doch wissen wir, daß die Lichtgeschwindigkeit immer gleich hoch *ist*. Also müssen wir bei den Betrachtern selbst Veränderungen vornehmen...«

»Ich habe die Tür eingeschlagen«, schrie draußen die Stimme. »Jetzt werde ich mich diesem großen Stück Eisen zuwenden. Ich werde es, glaube ich, mit den Zähnen durchbeißen.«

»Beeil dich beeil dich beeil dich«, pfiff Albert.

BEEIL DICH BEEIL DICH BEEIL DICH, flackerte der Fernsehschirm.

»Das heißt«, keuchte Edgar, »daß, wenn jemand auf einer Eisenbahn entlangrennt, er glaubt, daß er sich nur mit der Geschwindigkeit fortbewegt, mit der er rennt. Aber für jemanden, der herumsteht und den Zug beobachtet, rennt er mit einer Geschwindigkeit von c plus tausend Kilometer pro Sekunde. Es geht also darum, daß sich etwas auf eine Person (oder einen Betrachter) bezieht (oder in Relation zu ihr oder ihm steht) und daß sich etwas anderes auf jemand anderen bezieht. Deshalb heißt es Relativität.«

»Auuuuu«, brüllte die gewaltige Stimme. »Das hat meinen Schneidezähnen ein bißchen wehgetan, doch, das hat es. Das ist aber auch sehr hartes Metall. Aber jetzt dauert es nicht mehr lange«, mein Junge, gar nicht mehr lange. Auuuuuu, schreckliches Zahnweh.« Das

Gebrüll schien das ganze Haus zu erschüttern. Der Donner brüllte – wie aus Mitleid – ebenfalls.

»Beeil dich beeil dich beeil dich«, brüllte, ich meine: pfiff Albert.

Beeil Dich Beeil Dich Beeil Dich Beeil Dich Beeil Dich.

»Also«, keuchte Edgar, »ist die einzige Methode für den Mann, der den Mann beobachtet, der auf dem Zug entlangrennt, wenn er den Mann in Lichtgeschwindigkeit sehen will und nicht schneller, denn Schnelleres gibt es nicht, daß man die Sekunden länger macht – das heißt: die Sekunden in dem in Bewegung befindlichen System; das heißt: in der Eisenbahn. So irgendwie in der Art.«

»Du meinst damit«, pfiff Albert, »daß der Raum in einem in Bewegung befindlichen System kürzer und die Zeit länger wird.«

»Ich meine damit, daß«, sagte Edgar, und dann sah er zu seiner ungeheuren Erleichterung, wie die Falltür sich bewegte. Die schwere Tür begann sich zu heben, und es erklang süße Musik, als wolle sie ihn in der Freiheit begrüßen.

»Viel Glück«, pfiff Albert. »Oha, ich kann schon seine Finger sehen. Ich verdrücke mich lieber schnell in mein Loch.«

Und er rannte, während Edgar seinen tiefempfundenen Dank hinausschrie. Edgar rannte nun auch und bereitete sich darauf vor, in die Öffnung zu steigen, die jetzt von der Falltür freigelegt wurde. Er sah sich um und sah, wie eine Hand durch den kaputten Eingang und das verbogene Metall der Sicherheitstür vorstieß. Die Hand tastete herum, eine stark behaarte Hand mit abgebrochenen Fingernägeln. Die Hand begann, das ganze Zimmer auszufüllen.

»Gleich hab ich dich. Ich taste nach dir. Ach, wie werden wir es wunderschön zusammen haben, Edgar.«

Edgar konnte nur Dunkelheit vor sich erkennen. Er stieg hinein, und seine Füße tappten auf der Suche nach Stufen im Dunkeln. Aber es gab keine Stufen – nur eine lange, glatte Rutsche. Er schoß hinunter und glitt durchs Dunkel.

8. Kapitel

Direkt durch ein Loch
im Pult

Dunkel dunkel dunkel dunkel dunkel, und ein starker Wind toste, aber Donner und Regen waren hinter ihm und wurden schwächer. Und dann eine Andeutung von Licht, ein Schimmer, ein Leuchten, und dann blinzelte er mitten ins Tageslicht, obwohl es bereits Abend gewesen war, als er sich auf die Rutsche gesetzt hatte. Er blickte sich um und sah Tausende von Menschen herumlaufen, froh und aufgeregt, obwohl ein paar Kinder vor Aufregung sogar weinten, und sie waren alle in sehr altem Stil angezogen −: die Frauen mit gebauschten rauschenden Röcken und die Männer mit grauen Zylinderhüten und Spazierstöcken. Er blickte hinter sich und sah, wie das Loch, durch das er erschienen war, sich langsam schloß und Teil einer glatten Mauer wurde. Er blickte auf und sah ein riesiges Dach aus Glas, durch das die Sonne schien. Und dann redete ein großer Mann ihn an. Er sagte:

»Was für seltsame Kleidung du trägst, Knabe. Gehörst du zur Ausstellung?«

»Zu welcher Ausstellung, Sir?« fragte Edgar, der nun, da er in Sicherheit war, gegen jedermann sehr höflich und freundlich und lächelnd und zuvorkommend sein wollte.

»Na, zur Weltausstellung natürlich«, lachte der Mann. »Hast du das gehört, Martha?« sagte er zu seiner molligen kleinen Frau. »Habt ihr das gehört, Laetitia, Eugenia, Mary, Phoebe, Vicky, Ermintrude, Gertrude, Annie, Chloe, Alberta?« sagte er zu seinen vielen Töchtern. »*Zu welcher Ausstellung?* hat dieser junge Bursch gesagt.« Alle lachten, allerdings sehr freundlich. »Dies ist aber doch die Größte Ausstellung, die die Welt je gesehen hat«, sagte der Mann. »Alles ist da. Man braucht eine Eisenbahn, um von einem Ende zum anderen zu kommen.«

Sofort kam eine Eisenbahn herangepufft, und der Lokführer und der Heizer waren keine anderen als Bob Eccles und Bonifaz, die beiden Matrosen, die Edgar vom Schiff zur Insel gerudert hatten. »Steig zu uns in die Lok, junger Mensch«, sagte Bonifaz, »um uns in Lokführerstimmung zu halten.«

»Wo ist äh denn äh die äh junge äh Dame?« fragte Edgar. »Rhoda Sowieso.«

»Rhoda Fleming?« schrie Bonifaz. »Die ist immer noch da und übt Kritik. Ihr gefällt es gar nicht im Dunkeln, deshalb habe ich, wie du siehst, mein Hemd ein wenig geöffnet, damit sie herauslugen kann. Und nun komm an Bord, junger Mensch.«

Edgar war nur zu froh darüber, im Führersitz der Lok zu sein, siedend heiß und voller Dampf und öligem Metall, wie sie war. Es ging los, mit viel Gepuffe, und Edgar sang:

> *»Der Koks, der qualmt, und das Schmieröl, das raucht,*
> *Wie im Traume die Räder im ewigen Kampf,*
> *Und die Pflicht, die so sticht, das Ventil, das so faucht,*
> *Und bei Tag und bei Nacht von der Hitze geschlaucht,*
> *Und doch gibt es nichts Schönres als Dampf.«*

Und Bob Eccles und Bonifaz stimmten mit dem Refrain ein:

> *»Und man klopft an das Rad, und das Rad, das ist rund,*
> *Und was rund ist, das dreht sich im Kreis.*
> *Dreht das Rad sich im Kreis, ist das Rad auch gesund,*
> *Und der Rest, ja, der Rest ist Verschleiß.«*

Das dünne Stimmchen von Rhoda Fleming drang kreischend aus dem Inneren des Hemdes seines Besitzers: »Viel zuviel Lärm. Ich kann mich gar nicht kreischen hören.«

Sie alle ignorierten sie, besonders da sie gerade auf dem Bahnsteig eines kleinen Bahnhofs angekommen waren, auf dem Mr Eckermann und Mr Eckhart und der kleine Mann, der ihnen im Büro geholfen hatte, auf und ab tanzten, wobei über ihren Köpfen ein Papagei kreischte und flatterte. »Hier könnt ihr nicht weiterfah-

ren!« riefen sie. »Es gibt keinen Fahrkartenkontrol-
leur.« Und eine winzige Stimme schrie:

»Kolporteur contre cœur.«

»Wir werden uns aber trotzdem Ihre Pässe ansehen«,
sagte der kleine Mann, »da Sie schon mal da sind.«

»Oh, nein«, knurrte Bonifaz. »Nicht, wenn Sie uns
nicht an Land lassen. Entweder, oder.«

Und dann donnerte ein Pferd aus einer Öffnung,
über der AUSGANG stand, auf den Bahnsteig. Auf dem
Pferd saß eine Dame, die mit einer Peitsche knallte. Sie
rief mit tiefer Stimme: »Los, vorwärts, du. *Jildi,
hitheroa,* oder ich prügel dich durch, bis du nur noch
einen Zollbreit vom Tode entfernt bist, du Fetzen
lazarussisches Leder, du.« Und dann erschien der kleine
Inder und sagte:

»Meine Güte, ich doch nur versuchen, Schokolade aus
dem Schokoladen-Automaten zu kriegen, *Missi-Sahib.*«

»Vergiß den Automaten. Wir müssen jetzt in den
Zug einsteigen. Ich sehe gar keinen Wagen für das
Pferd«, sagte sie stirnrunzelnd.

»An Einsteigen ist gar nicht zu denken«, sagte Mr
Eckermann oder Mr Eckhart. »Es gibt keinen Fahrkar-
ten-Kontrolleur, und einen Fahrkarten-Verkäufer gibt
es auch nicht.« Und beide Herren Eck gaben dem Zug
das Abfahrtssignal.

»Also los«, sagte Bob Eccles. »Auf geht's.« Und sie
fuhren los. Auf dem Bahnsteig wurde nun heftig ge-
tanzt, und zwar vor Wut, und die Stimme des Inders
war sehr deutlich zu hören:

»Oh, meine Güte und nochmal meine Güte, ich
müssen doch nach Bombay, ja, und keine Züge bis auf
weiteres.« Die Dame begann, den kleinen Inder zu

peitschen, aber es gelang ihm immer wieder, den Hieben auszuweichen.

»Ich habe schrecklichen Durst«, sagte Edgar, und das stimmte auch, denn Hitze und Kohlenstaub taten ihre Wirkung. Bonifaz sagte:

»Wenn es dir nichts ausmacht, über den Kohlenwagen zu klettern, kannst du durch das Dach in den Zug, und dann wirst du irgendwo einen sogenannten Buffetwagen mit Erfrischungen finden.«

Edgar traf die Bäckersfrau und Mr Quimby, welche auf Kohleklumpen saßen. Mr Quimby aß mit großem Appetit Kohlen und beschmierte sich dabei das ganze Gesicht mit Kohlenstaub. »Köstlich«, sagte er. »Und sehr gut zubereitet, wenn ich das mal so ausdrücken darf, Gnädigste.«

»Es ist nur Kohle«, sagte die Bäckersfrau, »und Sie machen sich lächerlich.«

»Ach, es spielt sich aber doch alles im Geiste ab«, sagte Mr Quimby. »In meinem Geiste ist es köstlicher Truthahn mit Preiselbeeren und Kürbisauflauf. Happa happa«, machte er und zerbiß krachend und mit offensichtlichem Wohlgefallen einen glänzenden schwarzen Klumpen. Keiner der beiden nahm die geringste Notiz von Edgar. Edgar kroch über die Kohlen und sah, daß am ersten Wagen eine Art Falltür war, aus der sich ein Herr lehnte, der wie Shakespeare gekleidet war. Auf seiner Schulter saß eine Maus, die altmodische Damenbekleidung trug. Edgar erinnerte sich gut an die beiden. Mr Eden sagte:

»Es ist nicht möglich, daß wir dorthin fahren, wohin wir angeblich fahren, denn es ist noch nicht auf der Karte. Deshalb gibt es einen solchen Ort gar nicht.«

»Wie recht Sie haben, Sorr«, sagte die Maus mit irischem Akzent, weshalb sie *Sorr* statt *Sir* sagte. »Sie selbst nehmen mir selbst das Wort als solches aus dem Mund schlechthin.«

»Hallo«, sagte Edgar. »Wie geht es euch beiden? Ich habe eine Maus namens Albert kennengelernt –: furchtbar schlau. Vielleicht irgendwie verwandt?«

»Na, na, Sorr«, sagte die Maus namens Maria, »wenn einer Albert heißt, muß er es mit seiner Phisologie und seiner Didikologie und dem ganzen Schamott reichlich weit bringen.«

»Den Ort gibt es gar nicht«, nörgelte Mr Eden weiter. Edgar wurde freundlicherweise erlaubt, den Zug durch das Dach zu betreten (der Zug fuhr ganz bestimmt nicht mit Lichtgeschwindigkeit – DIE, DA WIR GERADE DAVON SPRECHEN, WIE HOCH IST? WEISST DU DAS NOCH? DU WEISST ES NICHT MEHR? NA, WARTE; WARTE, BIS DU DIESE GESCHICHTE AUSGELESEN HAST. ICH WERDE NÄMLICH AM ENDE DER GESCHICHTE AUF DICH LAUERN – gar kein Vergleich).

Edgar fand sich in einem Abteil voll finsterer dünner Männer mit kleinen goldenen Kronen wieder. Ihren Leib bedeckte meist ein Kettenhemd. Einer der Männer sagte:

»Du bist, wie ich sehe, mit den Füßen voran eingestiegen. Es wäre unterhaltsamer für dich gewesen, wenn du mit dem Kopf zuerst eingestiegen wärst.« Ein anderer gab so etwas wie ein geknurrtes Stück Dichtung zum besten:

„Kombt bey dem haubte zuerst hereyn und fällt auff die füße,
fällt mit den füßen zuerst, den schopff in der lufft,
machts keynen unterschied, wie er kombt."

»Aber das ist ja *gräßlich*«, sagte ein anderer Mann. »Mein lieber Eadward der Ältere, du mußt noch einiges über unsere geliebte angelsächsische Sprache lernen.« Plötzlich war Edgar voller Ehrfurcht. Er sagte:

»Sind Sie – meine Herren – Eure Hoheiten – die angelsächsischen Könige von England?«

»Das sind wir allerdings«, sagte Eadward der Ältere. »Dies hier ist Eadmund Ironside, und das ist Eadred, und dahinten ist Eadward der Bekenner, und da ist... Aber ich habe keine Lust, die ganzen Namen aufzuzählen.«

»Ich habe alles über Sie in der Schule gelernt«, sagte Edgar.

»Wirklich?« sagte Eadward der Bekenner und sah wirklich zufrieden aus. »Also lehrt man alles über uns in der Schule? Tatsächlich? Na, das nenn ich Ruhm. Als wir zur Schule gingen, wurde absolut nichts über uns gelehrt. Sowas nennt man wahrscheinlich Fortschritt.«

»Junge«, knurrte Eadward der Ältere, »du kannst schäumendes Ale in Alebechern hereinbringen, oder Met im Maßkrug, und zwar ein bißchen fix.«

»Ich«, sagte Edgar stolz, »bin kein Diener, Euer Majestät; ich bin ein freier Junge.«

»Soso, aha, das bist du?« sagte Eadward der Ältere schon viel höflicher und recht interessiert. »Eine ganz neue Idee –: freie Jungens. Naja, ich glaube, früher oder später mußte es so kommen.«

»Ich glaube, wir sind da«, sagte Eadmund Ironside, der, wie es sein Name – Eisenseite – vermuten läßt, auf beiden Seiten mit großen rostigen Eisenplatten verkleidet war. »Hier soll sich der beste Teil der Großen Ausstellung befinden.«

»Und zwar?« fragte Edgar.

»Bestien. Ungeheuer. Riesen. Die ganze Richtung.« Dies sagten die Könige nacheinander und standen dann gähnend auf, als der Zug in den Bahnhof puffte. Nacheinander richteten sie sich die Krone und kämmten sich den Bart mit den Fingern, wozu sie den einen kleinen Spiegel unter dem Gepäcknetz im vorderen Teil des Coupés benutzten.

Das, was er da hören mußte, gefiel Edgar überhaupt nicht. Er war gerade einem Riesen entkommen, und er wollte keine weiteren Ungeheuer treffen, nicht einmal so nette wie das Ungehobelte Ungeheuer und seine Mutter. »Ich will lediglich«, sagte er, als er hinaus auf den Bahnsteig gerempelt wurde, »zurück ins Klassenzimmer.« Niemand schien interessiert. »Um alles über die angelsächsischen Könige zu lernen«, fügte er hinzu. Da lächelten alle und bliesen sich auf, und ein bis zwei Könige sagten: »Gut gut gut.« Aber sie schienen nicht daran interessiert zu sein, Vorschläge zu dem Thema zu machen, wie man in ein Klassenzimmer zurückkommt.

König Eadmund (940–946) sagte:

»Arbeite eifrig an dieser Sache mit den Königen, und – wer weiß? – eines Tages geben sie Unterricht über dich selbst. Lieber Lehrstoff als belehrt. He; das ist ja richtig gut.« Er versuchte, es seinem Namensvetter Ironside zu wiederholen, aber dieser Mann mit den rostigen Flanken schien nicht geneigt zuzuhören. Es gab viel Gedränge.

Der Bahnsteig wimmelte von Menschen, und alle versuchten, in ein großes Theater zu gelangen, dessen Eingang sich auf dem Gelände des Bahnhofs befand. Edgar sah voller Mitgefühl, wie die Edenborough Revue versuchte, die Menge vom Theater weg in ihre kleine Show zu locken, die sie auf übereinandergestapelten Hühnerkisten und Postsäcken aufzuführen versuchte. Er hörte, wie Tommy Carlyle lamentierte:

»Ach, aye, Ihr Burrrschen, das ist der Lauf der Welt. Das Gute erkennen sie nicht, wenn sie es sehen.« Dann wurde er von ein paar Grobianen, die zum Theatereingang drängten, von seiner Hühnerkiste gestoßen. Edgar verspürte keine große Lust, ins Theater zu gehen, denn das schien ihm nicht der richtige Weg nach Hause (das heißt: ins Klassenzimmer; und dann nach Hause), aber er wurde von der Menge, die meist im Stil der Guten Königin Victoria gekleidet war (möge der Himmel ihr Frieden schenken, aber einem Vergleich mit unserer Königin Edith Schwanenhals hält sie nicht stand), so geschubst und gezerrt, daß er bald in einer großen Halle stand – die Platz für etwa zehntausend Menschen haben mußte – und immer weiter nach vorn gedrängelt wurde. (Die besten Plätze waren in der Mitte und hinten, aber die waren größtenteils schon besetzt.) Und wer drängte sich nun zu ihm, indem er sich mit Knüffen und Püffen einen Weg durch die Menge bahnte (was der Menge gar nicht gefiel: ein altes Krokodil mit Häubchen auf dem Kopf und kleinen Krokodilen am Rockzipfel schrie: »So springt man nicht mit einer Dame um, junger Mann!«)? Kein Geringerer als der Hund, der sich König Edwin von Northumberland genannt hatte. Sofort sagte Edwin zu dem Krokodil: »Wo ich herkomme – aus Northumberland: und Sie können ruhig Majestät zu mir sagen –, da weiß man, wie man mit Ihresgleichen umspringt, Sie olles Krokodil.« Dann sagte er zu Edgar: »Komm. Wir haben den besten Platz im ganzen Haus für dich reserviert, mein Junge.«

Er packte Edgar mit einer ziemlich schwieligen Pfote und führte ihn durch eine Tür mit der Aufschrift AUSGANG und sagte das immer wieder vor sich hin (»Ausgang Ausgang Ausgang Ausgang«) und einen langen Flur entlang und durch eine andere Tür, auf der gar nichts stand, dann ein paar Stufen hinauf, dann in ein großes Zimmer mit riesigen Samtvorhängen am einen Ende, und die ganze Zeit versuchte Edgar atemlos zu sagen: »Warum wohin was wer.«

»Haha«, sagte Edwin, »du wirst Tausenden zu Vergnügen und Verdienst verhelfen. Die Bühne – das Theater – Reiz und Glanz der Fettschminke, Angst und Schrecken des Rampenlichts –, wenn ich nur nicht König gewesen wäre, dann hätte mich all das wohl auch sehr reizen können, weißt du. Manchmal, in meinem prächtigen Palast, wenn dienernde Diener mich von

Vorderpfote bis Hinterpfote umsorgen, dann träume ich vom Leben, das mir entgangen ist. Die Bühne.«

»Sie verdienen sich Ihren Lebensunterhalt durch den Verkauf von Kaltgetränken«, sagte Edgar.

»Ach ja? Ach ja?« knurrte Edwin. »Ah, da kommen sie ja schon, um dich zu begrüßen.« Und es erschienen zwei Leute, die Edgar nicht wiederzusehen gehofft hatte, obwohl sie ihm nichts wirklich Böses angetan hatten: Mrs Echidna und ihr Sohn, das Ungehobelte Ungeheuer. UU sagte (und er trug einen sehr schicken Anzug aus Seide, die glitzerte und funkelte und wallte wie mondbeschienenes Wasser):

»Ich glaube, wir müssen dir nicht sagen, wie tief Mutter und ich das Ganze bedauern. Aber er hat darauf bestanden, verstehst du. *Vereitelt* war das Wort, das er gebrauchte, stimmt's Mutter?«

»*Vereitelt*«, bestätigte Mrs Echidna sehr traurig. »Er hat es noch nie ertragen, wenn ihm etwas *vereitelt* wurde. Es ist alles überaus bedauerlich, aber wir müssen auch an den Fremdenverkehr denken. Er würde das Schloß niederreißen, da bin ich ganz sicher, und was danach käme...« Sie schüttelte den Kopf und wankte auf ihrem Schlangenschwanz, als würde sie beim Gedanken an die Schrecken eines niedergerissenen Schlosses gleich ohnmächtig werden. »Aber er hat eingewilligt, dir eine faire Chance zu geben, wie man so sagt; auch wenn du für ihn ins Geld läufst, falls das der richtige Ausdruck ist.«

»Ihn?« schnappte Edwin. »Ins Geld läuft es für die Leute, die Eintritt gezahlt haben, um zuzuschauen.«

»Verrat«, schrie Edgar. »Schlimmer, schrecklicher Verrat. Ich hau ab hier.«

»Nein, das tust du nicht«, sagten UUs zwei Gesichter mit echtem Bedauern. Und er machte Gebärden, die hinter Edgars Rücken zielten. Edgar drehte sich um und sah eine ganze Armee in Bereitschaft, von einem französischen König angeführt, welcher »*Pour l'honneur de la France!*« schrie.

»Ziemlich viele Könige unterwegs heute«, sagte Edgar. »So viel steht fest.«

Und dann kam laute Musik von einer Militärkapelle, eine Fanfare, die Edgar schon kannte, denn sie bestand aus den ersten vier Buchstaben seines Namens.

»*Allez*«, rief der französische König, »*à la gloire.*«

»Das«, sagte der Hunde-König Edwin, »heißt *geht zur Ehre*. In Northumberland haben wir seinerzeit viel französisch gesprochen. Tja, also, Sie, lieber Herr, Sie gehen jetzt auf die Bühne.« Die beiden zwergenhaften Diener, Bolingbroke und Etheredge, kicherten, und dann zogen sie den Vorhang in der Mitte auseinander, und dann taumelte Edgar auf die Bühne.

Es wurde heftig geklatscht, als er erschien. Er blinzelte in die Dunkelheit hinaus und fragte sich, ob eine Verbeugung angesagt war. Aber er war zu aufgewühlt, wenn auch nicht sehr ängstlich (bringen wir's hinter uns, sagte er sich immer wieder), um einen guten Bühnenauftritt hinzulegen. Außerdem war er erstaunt, als er sah, woraus die Bühnendekoration bestand. Sie kam ihm zuerst vage bekannt vor, dann kam sie ihm bekannter vor, und zum Schluß kam sie ihm ausgesprochen bekannt vor. Es war das Innere seines Pults im Klassenzimmer.

Es war das Innere seines Schulpults, aber Hunderte von Malen vergrößert, so daß er – wenn es sich wirklich um das Innere seines Pults gehandelt hätte – nicht größer als eine Fliege gewesen wäre. Er wußte aber wegen des Geruchs, daß es das Innere seines Pults war –; nur daß der Geruch ebenfalls stark vergrößert war. Es gab da nicht nur den üblichen Geruch nach Tinte und angespitzten Bleistiften, sondern auch den Geruch von Äpfeln und Apfelsinen. Und es gab nicht nur diese Gerüche, sondern auch den Geruch einer Spielzeugmaus, die er mal in seinem Pult aufbewahrt hatte. Und zu guter Letzt gab es noch den Geruch von Bonbons, die er einmal gehabt hatte und die sonst niemand gehabt hatte, weil sie ihm sein Onkel George Percival den ganzen weiten Weg von Slobowien her mitgebracht hatte: einen Geruch nach dem, woraus die Bonbons gemacht waren. Sie waren aus Honig und Anis und Zitrone und Gewürznelken, und sie waren ganz leicht mit Currypulver besprenkelt gewesen.

Was für Bücher es waren, wußte er ebenfalls; er ging an den Buchrücken entlang und las die Titel: ELEMENTARE ASTROPHYSIK & MATHEMATIK FÜR INTELLIGENTE JUNGEN UND MÄDCHEN. GESCHICHTE – NICHT GERADE LEICHTGEMACHT, ABER DOCH WENIGER SCHWER, ALS SIE NORMALERWEISE ZU SEIN SCHEINT. Und eins der Bücher war bei einer Seite mit einer Illustration weit aufgeschlagen. Edgar erkannte nicht, was für ein Bild das war – es war viel zu groß –, aber er konnte bestimmte Wörter sehen, deren einzelne Buchstaben größer waren als er selbst, und die Wörter gehörten zum Bild: KREUZWINDE war so ein Wort, und BESAN war ein anderes. Was bedeuteten die Wörter? Er hatte es mal gewußt, das nahm er jedenfalls an, aber er wußte es nicht mehr. Und dann hörte er die Stimme...

»Ah, Edgar, einmal habe ich dich verpaßt, aber
diesmal entwischst du mir nicht. Ich brauche nur dieses
dumme kleine Pult aufzuklappen, und dort wirst du
mich erwarten.«

Die Stimme kam von oben, und Meilen darüber, so
schien es, konnte Edgar den Deckel seines Pults sehen.
Er konnte sogar ein Loch im Deckel sehen. War das das

Loch, in das er vor so langer Zeit gekrochen war? Wäre
er wirklich eine Fliege und nicht nur so groß wie eine,
dann könnte er hinaufbrummen und aus dem Pult
fliehen. Aber da oben träfe er... Oh, nein, nein. Und
doch, wenn er wirklich eine Fliege wäre, könnte er
davonfliegen und den großen, tastenden, mörderischen
Händen entkommen.

»Jetzt komme ich, Edgar. Es würde mir die Sache
sehr viel leichter machen, wenn du auf dem Umschlag
von einem deiner Bücher säßest... Zum Beispiel auf

METAPHYSIK FÜR UNSERE KLEINSTEN ... Dann könnte ich dich ohne weitere Schwierigkeiten aufschnappen.«

Dem Publikum schien die Vorstellung sehr zu gefallen. Dankbares Gelächter und eine Art stilles Summen der Erregung waren zu hören. Und dann hörte Edgar außer der Stimme noch etwas. Es kam von dem Buch mit den Bildern. Es war das Geräusch des Meeres und des tosenden Windes. Dann fiel Edgar wieder ein, was diese Wörter, *Kreuzwinde* und *Besan,* bedeuteten. Sie hatten etwas mit den Teilen eines Segelschiffs zu tun. Und dann rief eine neue Stimme, mitten aus dem Buch heraus:

»Hau ruck und ho! Dein Name steht auf der Mannschaftsliste. Komm an Bord, Junge; der Anker ist gelichtet.«

Edgar kletterte in dem Augenblick ins Buch, in dem er sah, wie sich quietschend der große Deckel des großen Pults öffnete. Da gab es ein Segelschiff, bereit, den Hafen zu verlassen. Aber eine Planke zum Besteigen des Schiffes gab es nicht. Wie sollte er an Bord gelangen?

»Jetzt dauert's keine halbe Stunde mehr, Edgar«, kam die mächtige Stimme von oben. »Gleich stecke ich meine Hand hinein.«

Edgar sah, an Deck des Schiffes, einen alten Mann, der ganz aus weißem Bart und Ölzeug zu bestehen schien, eine rotglimmende Pfeife fest zwischen lächelnden Kinnladen. »Hier ist sie«, rief er. »Hier kommt sie schon.« Und eine Strickleiter kam von Deck heruntergesaust. Edgar packte sie und begann zu klettern.

»Hm, Edgar, das ist ungezogen. Du bist nicht da, wo

ich's dir befohlen habe.« Er kletterte, kletterte und kletterte. »Sehr ungezogen. Ich kann dich gar nicht sehen. Warum machst du es einem alten Mann wie mir denn so schwer?« Aus dem Publikum drang ein Murmeln des Mitgefühls.

Aber jetzt war Edgar an Deck, und der Kapitän paffte ihn in lächelnden Schwaden mit Pfeifenrauch voll. »Sind wir in Sicherheit, Sir?« keuchte Edgar.

»Kuck mal«, sagte der alte Mann. »Alle Mann festhalten. Jeder an seinen Platz.« Und er nahm die Tabakspfeife aus dem Mund und ersetzte sie durch eine silberne Bootsmannspfeife. Er brach in drei schrille Pfiffe aus. Sogleich flog das Schiff wie ein Vogel aus den Seiten des Buchs.

»Bei meinen weißen Schnurrbart-Enden«, sagte der Kapitän, den Blick nach oben gerichtet. »Der Deckel ist hochgeklappt. Das Loch ist nicht mehr da.« Dann sah er die tastende Riesenhand. Er rief: »Erster Kanonier!«

»Aye aye, Sir!«

Plötzlich donnerte eine Kanone, und Edgar sah, wie eine kleine schwarze Kugel nur wenig schneller als das Schiff durch die Luft segelte. Eine Explosion ertönte, und dann ein Schmerzensschrei. Der Pultdeckel knallte zu wie aller Donner dieser Welt. Eine Stimme, so laut wie der Donner, brüllte:

»Das tut weh, das tut weh, das tut weh – auuuuuuuuuu!« Aus dem Publikum kam das Geräusch von Beifall.

»Los geht's«, sagte der Kapitän. »Mitten hindurch.« Und das Schiff fuhr in den Tunnel und raste durch die Dunkelheit. »Zeit, Lebewohl zu sagen, würde ich meinen«, sagte der Kapitän. Edgar konnte sein Gesicht schwach im Licht seiner Pfeife erkennen. »Deinen Namen habe ich zwar nie erfahren, aber es war nett, dich an Bord zu haben. Und jetzt gebe ich dir einen kleinen Schubs.. «

Edgar kam durch das Loch im Pult und hörte Mr Anselm Eadmer, seinen Lehrer, wie er sich über angelsächsische Königshäuser ausnölte. Edgar sah sich selbst, ungeheuer groß, mit geschlossenen Augen, und er – Edgar – saß am Pult. Er lief über die Oberfläche des Pults zu diesem großen Edgar und kniff ihm in die linke Hand. Die Augen von Edgar dem Großen öffneten sich. Edgar der Kleine kroch am Arm von Edgar dem Großen hinauf, flink wie eine Maus, bis zum Ohr. Er kroch ins Ohr hinein. Edgar der Große und Edgar der Kleine wurden ein und dieselbe Person.

»Edmund Ironside«, sagte Mr Eadmer. »So genannt wegen seiner großen Kraft, Tapferkeit und Stärke. Du da, Edgar, bist du wach, oder träumst du von Ostereiern? Die Osterferien haben noch nicht angefangen, mein Junge.«

»Ich war wach, Sir«, sagte Edgar. »Er hieß Eadmund, nicht Edmund. Und man nannte ihn Ironside, weil links und rechts an ihm diese sehr rostigen Eisenplatten befestigt waren.«

Die übrige Klasse lachte. Mr Eadmer lächelte grimmig. »Ah, unser Freund Edgar hat, wie ich sehe, ganz spezielle Wissensquellen. Schon gut, kein Grund zum Lachen. Auf jeden Fall hat er, was den *Eadmund* betrifft, recht. Und es ist mir gleichgültig, woher er dieses Wissen geschöpft hat.« Auf die Tafel schrieb er in sehr großen und deutlichen Blockbuchstaben den Namen

EADMUND. »Das ist die angelsächsische Form des Namens. Und die angelsächsische Form von Edgars Namen wäre...« Er schrieb es hin: EADGAR.

Wenn ich denen also, dachte Edgar, gesagt hätte, daß ich in Wirklichkeit *Eadgar* heiße, wäre die Melodie von der Kapelle in Edenborough gar nicht die richtige für mich gewesen, und ich hätte nicht aufs Schloß gemußt, und... Aber jetzt ist alles vorbei.

Es klingelte. Die Stunde war vorbei. Die Schule war vorbei. Das Schuljahr war vorbei. Die Osterferien fingen an. Aber Mr Eadmer gehörte nicht zu jenen Schulmeistern, die aus dem Klassenzimmer stürzen, manchmal sogar mitten im Satz, nur weil es geklingelt hat. Er sagte:

»Gibt es noch irgendeine weitere Information, die du uns über irgend etwas zukommen lassen kannst, Edgar oder Eadgar? Irgendwas aus dem Land der Träume? Einsteins Relativitätstheorie beispielsweise?«

Die Klasse lachte, denn alle wußten, daß die Relativitätstheorie das Schwierigste der Welt ist. Die meisten drehten sich zu Edgar um, damit sie von Herzen etwas zu lachen hätten. Aber Edgar sagte:

»Gewiß, Sir. Die Relativitästheorie sagt etwas über die Geschwindigkeit des Lichts aus −: dreihunderttausend Kilometer in der Sekunde, für gewöhnlich durch das Symbol c dargestellt. Wenn Licht diese Schnelligkeit für den einen Betrachter beibehält, kann es das nicht für einen anderen Betrachter tun, der sich vom ersten Betrachter mit einer bestimmten zusätzlichen Geschwindigkeit fortbewegt − es sei denn, wir errichteten das Prinzip der Relativität von Zeit und Raum...«

Jetzt war die Klasse still. Sie blickte Edgar erstaunt und mit einer gewissen Furcht an. Mr Eadmer schwieg, nachdenklich auch er. Er sagte:

»Du mußt mich irgendwann mal mitnehmen, Edgar oder Eadgar. Auf eine deiner verträumten Reisen. Also gut, ihr könnt gehen. Frohe Ostern, alle zusammen.«

»Frohe Ostern, Sir.«

Und Edgar konnte endlich zum Teetrinken nach Hause gehen. Er hoffte, daß es Brote mit Fischpastete geben würde und Kirschkuchen. Er wußte, daß es eine schöne heiße Kanne Tee geben würde. Er war sehr durstig und auch ein bißchen müde. Aber nach dem Tee wäre er dann bestimmt wieder sehr lebhaft und bereit, ins Kino zu gehen. Heute abend gab es einen guten Film im Rialto: irgendwas mit reichlich Krieg und Aufregung über einen der angelsächsischen Könige von England.